As aulas de Hebe Uhart

As aulas de Hebe Uhart

Liliana Villanueva

Tradução
Diogo Cardoso

*Esta obra foi publicada originalmente em espanhol com o título
LAS CLASES DE HEBE UHART por Blatt & Ríos.
© 2015, 2021, Liliana Villanueva.
© 2024, Editora WMF Martins Fontes Ltda., São Paulo, para a presente edição.*

Todos os direitos reservados. Este livro não pode ser reproduzido, no todo ou em parte, armazenado em sistemas eletrônicos recuperáveis nem transmitido por nenhuma forma ou meio eletrônico, mecânico ou outros, sem a prévia autorização por escrito do editor.

É vedada, por força da lei, a utilização do presente texto, em partes ou integralmente, em seu estilo ou estrutura, para alimentar qualquer tipo de mineração de dados ou outro sistema de recuperação de dados para a geração da assim chamada "Inteligência Artificial".

1ª edição 2024

Tradução
Diogo Cardoso
Coordenação
Joca Reiners Terron
Acompanhamento editorial
Diogo Medeiros
Preparação
Maria Fernanda Alvares
Revisões
Cristina Yamazaki e Beatriz de Freitas Moreira
Produção gráfica
Geraldo Alves
Diagramação
Renato Carbone
Capa e projeto gráfico
Luciana Facchini

**Dados Internacionais de Catalogação na Publicação (CIP)
(Câmara Brasileira do Livro, SP, Brasil)**

Villanueva, Liliana
   As aulas de Hebe Uhart / Liliana Villanueva ; tradução Diogo Cardoso. – São Paulo : Editora WMF Martins Fontes, 2024. – (Errar melhor)

Título original: *Las clases de Hebe Uhart.*
ISBN 978-85-469-0613-0

1. Ficção – Autoria 2. Ficção – Técnica I. Título. II. Série.

24-208501   CDD-808.3

Índices para catálogo sistemático:
1. Ficção : Criação literária : Literatura   808.3

Cibele Maria Dias – Bibliotecária – CRB-8/9427

Todos os direitos desta edição reservados à
Editora WMF Martins Fontes Ltda.
*Rua Prof. Laerte Ramos de Carvalho, 133 01325-030 São Paulo SP Brasil
Tel. (11) 3293-8150 e-mail: info@wmfmartinsfontes.com.br
http://www.wmfmartinsfontes.com.br*

Sumário

Prólogo: As aulas de Hebe 7

1. Escrever é um ofício estranho 15
2. "Estar à meia-rédea" 21
3. Um mar de hesitações 29
4. A linguagem e o mistério 37
5. Como as pessoas falam 45
6. O "mas", a fissura e o conto 55
7. De onde surge um conto 61
8. O adjetivo e a metáfora 67
9. Construção de personagens 71
10. O primeiro personagem 85
11. A verdade é construída no diálogo 89
12. O monólogo interior 99
13. A crônica literária e a primeira pessoa 105
14. A crônica de infância 111
15. A crônica de viagem 115
16. O humor na escrita 125
17. Vícios da escrita e conselhos para quem vai escrever 129
Decálogo (mais um) para os que vão escrever 135
Livros citados 137

Prólogo
As aulas de Hebe

Em "Explicação falsa de meus contos", Felisberto Hernández diz: "obrigado ou traído por mim mesmo a dizer como faço meus contos, recorrerei a explicações exteriores a eles". Nesse texto, um manifesto da escrita em formato humilde, Felisberto se desdobra, da mesma maneira que, em seus contos, é capaz de sair de si mesmo e converter-se em mais um de seus personagens. Para o autor uruguaio, a própria obra tem algo misterioso, "apesar da vigilância constante e rigorosa da consciência". As frases que cito estão sublinhadas com um marcador de ponta grossa em um papel fotocopiado no qual também constam anotações escritas à mão: "o conceito trava" e "a espontaneidade não está em conflito com a reflexão". O marcador de ponta grossa é de Hebe e as observações são anotações minhas sobre as aulas dela.

Escrevi essas anotações rapidamente, como tantas outras vezes, numa tentativa de capturar as palavras que ela dizia e que me pareciam imperdíveis. Mais abaixo diz: "toda arte da escrita é fazer uma digressão e saber voltar". Devo ter feito notas numa quinta-feira à noite ou num sábado à tarde dos últimos dez anos, enquanto Hebe explicava o texto de Felisberto: "Se algo me invade, uma lembrança por exemplo, escuto, porque isso é a matriz do que vai ser meu conto. Só tenho que acompanhá-lo. Não o deixar cair. Prestar atenção nele, não pensar que é uma bobagem."

Estou sentada em frente à tela do meu Mac com pilhas de cadernos e anotações que ocupam toda a mesa de vidro, enquanto chove do outro lado da janela. Fiz uma pequena digressão ao pular das citações de Felisberto para as frases de Hebe, da mesa de vidro para os cadernos e a chuva. Poderia continuar "digredindo" e descrever a copa das árvores que vejo através da janela, a chuva que agora é mais intensa; poderia lembrar o aviso de alerta meteorológico com probabilidade de granizo que escutei antes, pela manhã, ou o cheiro persistente de café que ficou no ar, a xícara agora vazia sobre o vidro. Mas o texto que me observa da tela não é uma crônica.

Volto ao texto de Felisberto: "Em dado momento, penso que em algum lugar dentro de mim nascerá uma planta." Essa frase é de Felisberto Hernández, mas, quando a leio, ouço a voz de Hebe. Eu a vejo, concentrada, fumando sentada diante de sua mesa de vidro, rodeada de pilhas de livros e anotações, ouvindo como alguém da oficina de escrita – José, Delfina ou Enriqueta, Mariano, Virginia, Mónica ou María – lê a fotocópia que ela fez para cada um. Atrás da fumaça do cigarro está a varanda, os vasos de plantas, a hera que cresce em sua haste-guia e mais adiante, sob um céu sem nuvens, os telhados dos edifícios de Almagro.

Agora tenho que explicar por que estou aqui, um sábado chuvoso, 1º de fevereiro de 2014, com a lembrança de um encontro da oficina que me invade, obrigada ou traída por mim mesma a dizer quem sou e o que vou contar. Fui pela primeira vez à oficina de escrita de Hebe Uhart em fevereiro de 2003. Tinha levado algumas páginas da história de um russo que me perseguia – a história, não o russo – escritas em linguagem jornalística, com a qual estava acostumada, uma linguagem em que a primeira frase esclarece tudo o que virá no texto, na qual prima a urgência e não existe primeira pessoa. Ao fazer a leitura em voz alta, me dei conta de que havia escrito a partir de um "não eu" jornalístico em uma linguagem que não casava com o personagem. A história me superava: não só eu não conseguia lidar com o russo, como também não conseguia, como propunha Felisberto Hernández, me ver de fora. As implicações pessoais me exigiam distância e certo grau de desapego, em um texto autorreferencial em que o "eu" era inevitável. Nessa tarde quente de verão, percebi meus escassos recursos literários, enquanto Hebe teve a generosidade de encontrar em meu texto alguns parágrafos não tão equivocados nem confusos demais, e me presenteou com um "Bom" com seu marcador de ponta grossa. Também não criticou minha obstinada arrogância na tentativa de contar uma história que me escapava das mãos. Ao fim da leitura, Hebe deixou as folhas de lado e me disse, com muita delicadeza:

– Por que você não escreve uma crônica sobre sua infância?

Uma semana depois, levei para a oficina uns pedaços de papel em que narrava umas férias pouco ortodoxas que passei com minha mãe em Mar del Plata, quando eu era criança. Tratava-se de uma crônica (já começava a entender que nem tudo é conto) que contava a experiência de uma menina muito crítica com a mãe. Mamãe havia organizado umas férias de verão em um lugar vazio de uma galeria vazia do edifício Havana, onde era preciso se esconder dos olhares do porteiro por trás de um vidro jateado, enquanto mamãe e eu (tinha de usar o "eu") sobrevivíamos à base de piquenique de presunto cozido, tomates e pão francês em um mezanino, iluminadas por velas na falta de luz elétrica. Hebe achou que minha mãe tinha sido hippie e com essa ideia continuou me pedindo mais textos "sobre sua mãe hippie". O que eu não sabia nesse momento é que a proposta de escrever sobre a infância é uma estratégia de Hebe. A crônica de infância é um bom tema para quem está começando a escrever, porque o primeiro personagem somos nós mesmos. Somos nós mesmos e somos outros, nos colocamos em um tempo e em uma idade determinados, com o assombro da infância, em que tudo acontece pela primeira vez.

Passou muito tempo e caiu muita chuva desde essas tentativas de crônica. Agora guardo meus textos em caixas e pastas, alguns foram publicados aqui e ali, e a pilha de cadernos da oficina e as centenas de fotocópias com as anotações das aulas de Hebe ocupam três malas médias e duas caixas de cereja de cinco quilos. Exceto o tempo em que morei no Uruguai, frequento há mais de dez anos a oficina de Hebe. Não sei se aprendi a escrever, mas sei que aprendi muito sobre mim mesma; ao menos, me tolero melhor e me faço companhia graças à escrita.

Em 2005, eu tinha tanto material acumulado que propus a uma colega jornalista que ela organizasse comigo um livro sobre as aulas de Hebe. O projeto não vingou ou derivou em outros projetos, minha colega deixou a oficina, e eu continuei por muito mais tempo. Hebe me dizia: "você já sabe disso, já viu essa aula, vai ficar entediada". Eu me fazia de desentendida e continuava frequentando e tomando notas. Em meu tempo livre, em Montevidéu, passei a limpo, de um caderno para o outro, os ensinamentos de Hebe. Sentia falta da oficina, claro, mas não só isso: me dei conta, surpreendida, de que continuava aprendendo, agora sozinha, revisando as anotações.

Numa tarde, de volta a Buenos Aires, estava relendo os cadernos quando percebi tudo o que havia aprendido nesse tempo. Na oficina de Hebe aprendi que para escrever não importa o fato em si, mas como esse fato repercute em mim ou no personagem; aprendi que o desdobramento, ao estilo de Felisberto, é necessário para ver a si mesmo, que há personagens que posso usar, enquanto outros não, e que a literatura é feita de detalhes, que um adjetivo fecha e uma metáfora abre, que é preciso sempre voltar ao eixo, que a pontuação é a respiração do texto e que não é preciso agarrar-se às palavras nem se deixar levar por elas, porque são areias movediças das quais devemos desconfiar. Entendi que, quando há muito ódio e rancor em um texto, o personagem somos nós mesmos, somos esse ódio e rancor e que, se escrevemos, temos de escrever a partir daí, trabalhando esse sentimento a fundo. Aprendi que há temas que são para mim e outros não, como um vestido que, mesmo que eu goste, não vai me cair bem. Entendi também que há histórias que devo guardar para um momento mais oportuno na vida – como a do russo, que ainda me persegue – e que escrever é principalmente se comunicar, transformar um acontecimento pessoal em algo interessante para o outro. E que o humor nasce do perdão, o humor é uma ponte e, no melhor dos casos, é também uma cortesia para com o leitor.

Em muitas ocasiões, Hebe organizou aulas em função de nossas necessidades, motivações, impedimentos ou bloqueios, como um empurrão para escrever, para constatar erros, faltas, vícios ou manias de cada um, sempre com paciência e distância respeitosa. Nessas aulas especiais se ouvia o silêncio, e a velocidade com que fazíamos anotações acelerava porque suas palavras tocavam pessoalmente. Quando algum de nós entrava em uma nova etapa da escrita, que ela divisava com muito mais clareza que o próprio aluno em questão, não intervinha, nos deixava ser e fazer. Isso não é pouca coisa. Conheci outras oficinas de escrita, algumas solenes, outras chegando a extremos quase ditatoriais, passei por impiedosas máquinas de cortar carne e cortei meus textos a tal extremo que desses galhos nus nunca mais nasceram brotos e menos ainda flores. Por isso agradeço, e sei que não sou a única, a atitude generosa e respeitosa de Hebe. Ela sempre presta muita atenção às conclusões e às ideias que possam surgir dos alunos, às opiniões e às propostas de leitura de cada um. Certa vez preparou uma aula com base em um livro trazido por um aluno da oficina, assim como fez com o trabalho de leitura e interpretação dos *Diários* de Tolstói, do qual havia acabado de ser publicada uma nova tradução para o espanhol e que ela converteu em uma aula magistral e única.

Relendo essas anotações, percebi que a sabedoria de Hebe estava toda espalhada: aulas aqui, artigos ali, frases resgatadas de entrevistas, resumos compartilhados no Facebook por alguém que havia participado de um encontro público. Tinha na minha mesa uma quantidade enorme de material e me pareceu que as aulas, que ela preparava com muito zelo e de modo sistemático em cadernos escolares, estavam longe de estabelecer um texto único que, além disso, chegasse a pessoas de fora de sua oficina. Nas apresentações de seus livros ou em palestras públicas, notei também o grande interesse que suas palavras despertavam nas pessoas e mais de uma vez alguém entusiasmado com a palestra me perguntou o que deveria fazer para participar da oficina.

Hebe iniciou as oficinas de expressão em 1982, depois de 27 anos trabalhando como docente de filosofia na Universidade de Buenos Aires (UBA). Ministrou aulas em sua casa, em congressos, em livrarias, na Biblioteca Nacional, em Buenos Aires e nas províncias. É evidente que, em mais de trinta anos de oficina, muitos temas e frases se repitam. Para mim, essas repetições significaram um enriquecimento, porque sempre tinha algum conceito que completava ou era ampliado com novas leituras. Com a permissão e a paciência de Hebe, faço aqui uma tentativa de reunir a maior quantidade possível desse material. Quando contei na oficina que estava passando a limpo as aulas de Hebe, uma colega me disse: "não conta tudo, guarda um pouquinho". Mesmo que tentasse, seria impossível abarcar a totalidade de suas aulas, tendo em vista que, para sorte dos alunos, a oficina continua, evolui e se complementa com novos ensinamentos e leituras.

Os encontros com Hebe se organizam, salvo raras exceções, em três partes. Na primeira, ela devolve os trabalhos lidos no encontro anterior e comenta, ponto por ponto do texto, a partir das anotações de seus cadernos. Na segunda parte – não é obrigatório trazer textos –, cada um lê o que trouxe. Depois de uma pausa para um café – ela não gosta que levemos muitos doces –, Hebe desenvolve o tema que preparou para a aula. É essa última parte, a aula em si, que este trabalho aborda. Cada capítulo ou bloqueio temático não corresponde rigorosamente a determinada aula, mas é resumo, ampliação e definição dos temas repetidos ao longo dos anos.

Os primeiros dois capítulos deste livro abordam a escrita em geral, esse ofício estranho que é a escrita e a conexão da pessoa consigo mesma no ato de escrever. Em seguida, vêm as aulas sobre linguagem, o diálogo e o monólogo, o uso de adjetivos, da metáfora ou da construção de personagens. As duas frases que Hebe repetiu incansavelmente foram: "todo conto tem um *mas*" e "adentra-se – na história, no personagem – pela fissura". Esses dois conceitos, que de modo geral vêm associados, são trabalhados em um capítulo especial com exemplos concretos da literatura. O uso da primeira pessoa e a crônica literária como relato linear também têm um capítulo próprio, assim como a crônica de infância. E por último, mas não menos importante, o tema do humor na escrita.

A crônica de viagem, para a qual Hebe dedicou vários livros e numerosos artigos, é um gênero que ela impulsiona como motor de escrita e que resultou num dos capítulos mais longos. Para encerrar me pareceu prático voltar ao tema da escrita, explicando os "vícios" e os conselhos de Hebe, para resumi-los em um "decálogo (mais um)".

No primeiro encontro com os editores, enquanto espalhava meus rascunhos sobre uma mesa na calçada do café Jolie em Belgrano, eles me expressaram o desejo de que no texto se notasse "a voz de Hebe". A princípio tentei diferenciar e respeitar sua voz, marcando com aspas em forma de citações as frases que extraía de minhas anotações. Mas à medida que avançava me dei conta de que mais da metade do texto estava entre aspas. A voz de Hebe se impôs. É necessário compreender que os textos que vêm a seguir são um goulash próprio a partir da cozinha de Hebe, com seus ingredientes e temperos, e, nos trechos em que o "eu" aparece no relato, é porque provém de uma citação textual de suas aulas. Quando os editores perguntaram a Hebe se ela considerava boa a ideia de editar este livro, ela respondeu: "Não tenho nada contra, mas preferia que Liliana escrevesse as crônicas de suas viagens à África." A África terá de esperar, como o russo, que continua esperando há mais de dez anos.

Inicio este projeto com muita vontade e alegria, mas com um temor que me espreita desde o princípio. É o medo de que, quando o texto estiver pronto e publicado, Hebe, como já vem me ameaçando há pelo menos sete anos, me expulse de vez de suas aulas.

Liliana Villanueva

1
Escrever é um ofício estranho

> "Não existe escritor.
> Existem pessoas que escrevem."
> HEBE UHART

Escrever como ofício. Escrever aos poucos. Encontrar a própria voz. A vaidade do escritor. Literatura é comunicar. O ponto de vista. Literatura como artifício. Não entregar os mecanismos de escrita. A obsessão é inútil para escrever. Cansaço laboral ao escrever. A literatura e a vida. Perguntas aos escritores.

O processo de escrever suscita todos os problemas de qualquer tarefa artesanal. Há dúvidas, há dificuldades, há perguntas, há coisas mal resolvidas que precisam ser corrigidas, há momentos de avidez, há momentos em que, claro, se escreve e há momentos em que não se tem vontade de escrever. Uma aluna disse: "escrevi uma página e me cansei". Um artesão nunca diria: "fiz uma cadeira de três pés e me cansei". As coisas são feitas e concluídas. O que fazemos é um trabalho, uma tarefa, uma espécie de ofício, claro que se trata de um ofício estranho. Se construo um texto malfeito ou uma cadeira de três pés sem terminar, demonstro falta de interesse ou pressa em publicar. Primeiro é preciso cultivar uma área grande e depois ver o que colhemos.

Não se deve tentar começar a escrever um romance de trezentas páginas, porque isso é impossível. Vai se escrevendo aos poucos, assim como vamos vivendo aos poucos o que nos acontece. Não devo me apressar nem ficar ansiosa, devo apenas me preocupar em escrever, como dizia Isak Dinesen, "um pouco a cada dia, sem esperança e sem desespero". Katherine Mansfield falava da escrita como "o contínuo esforço, a lenta construção da ideia". Em todo caso, a oficina literária é só um empurrão, porque a tarefa de escrever é algo que cada um tem de fazer sozinho, consigo mesmo, acompanhando-se.

Todos nós temos o domínio da escrita, mas fazer um uso específico da linguagem é um trabalho diferente. Pode-se começar a escrever de muitas maneiras, algumas pessoas podem estar movidas por experiências, outras por uma ideia. Outra coisa muito diferente é saber o que interessa ao leitor. Hoje em dia as pessoas não hierarquizam, não há uma escolha profunda, por isso alguns jovens escolhem diversas carreiras que vão do biólogo ao chef, como se tudo fosse a mesma coisa. O difícil, em todo caso, é aprender a olhar. Cada pessoa olha e ouve coisas distintas e o desafio está em encontrar a própria voz.

O terreno do escritor é um terreno pantanoso. Se vamos escrever, devemos ter confiança de que vai dar certo, mas sem ser convencidos demais, porque isso anula o produto. Katherine Mansfield dizia em seu diário: "quando escrevo algo bom, imediatamente fico vaidosa e o parágrafo seguinte sai ruim". Isso acontece porque me coloco em outro plano, em um plano superior, e a vaidade bloqueia o ato de escrever. Quando a vaidade me atinge, já não me posiciono fora de mim para me observar, mas em meu próprio ego. Devo me sentir apenas um instrumento e escrever como se estivesse traduzindo uma voz interior que me guia. Escrever é uma atividade permanente. É um trabalho, às vezes um prazer, outras um problema. Não há por que escrever obrigatoriamente todos os dias. Basta deixarmos acontecer, que um tema nos convoque. Talvez, quando somos mais jovens, necessitemos dessa rotina, mas com os anos é mais natural dar-nos tempo. Devemos tentar escrever o melhor que pudermos, sem arrependimentos ou lamentações, sem nos exaltarmos nem nos deprimirmos. Se não consigo lidar com o texto, se me dá trabalho, deixo de lado.

Literatura é comunicar. O núcleo do significado de escrever consiste em transformar um acontecimento pessoal em algo interessante para o outro, ao mesmo tempo que é uma relação do escritor consigo mesmo, porque ao escrever seguimos um impulso. A raiva, para dar um exemplo, é progressiva, não parte do início, e é bom que ela aumente com o texto. Não se trata apenas de escrever bem, de forma bonita ou interessante. Lucio Mansilla disse: "não pretendo escrever bem, pretendo comunicar".

O melhor para quem escreve é não se sentir escritor. Não que seja um destino único, pois todos nós gostamos de fazer várias coisas, não só uma. Sempre há muita coisa para fazer, porque quem escreve tem diversos papéis: cliente de um supermercado, membro de um grupo, marido, dono de gato etc. Alicia Steimberg dizia que não era preciso escrever com uma atitude literária e recomendava que a pessoa tivesse outra ocupação e não se dedicasse só a escrever. Inflar o papel do escritor conspira contra o produto, porque a vaidade afasta quem escreve da atenção necessária para seguir seu personagem ou uma situação. Isso é o que Simone Weil denomina "humildade intelectual", que é a atenção ou a capacidade de sair de si mesmo. Weil diz: "O virtuosismo em qualquer arte consiste na capacidade de sair de si mesmo."

A literatura é um artifício, mas não deve ser notado. Não devemos entregar os processos ou os mecanismos da criação. Se me perguntarem sobre as estruturas do que escrevo, não sei como são, cabe a outra pessoa dizer. É como uma centopeia que não sabe como move as patas.

O "dever ser" ou o "dever fazer" também bloqueiam a escrita. A vontade é enganosa e muitas vezes me trai, porque o voluntarismo está vinculado à obsessão: ao devo ou não devo. A obsessão é inútil para escrever. A obsessão é estar sitiado entre dois polos. Então, tento encontrar um lugar intermediário de onde possa contar a história. Há um cansaço laboral ao escrever, é o ofício que entra em meu corpo.

Existe uma tendência no ser humano de encontrar o que é ruim no outro. É um vício, um hábito que deve ser descartado, porque, além de inútil, não leva a nada. Tendemos a acreditar que somos bons, lindos e cuidadosos e que os outros têm muitos defeitos. Mas, se não suporto algo no outro, é porque há um aspecto meu que não está sendo trabalhado. Quando reflito sobre o que critico e encontro a solução, passo a outra instância, dou um passo adiante: supero a crítica, o ódio e o rancor que me impedem de olhar para o mundo abertamente. Tampouco devo tentar escrever como determinado escritor ou melhor que ele, nem sentir que nunca estarei à sua altura. As comparações são inúteis. Então, vou criar meus textos da melhor forma possível.

Haroldo Conti disse: "entre a literatura e a vida, escolho a vida"; no entanto, a literatura e a vida não podem ser estabelecidas como dicotomia. Tudo o que serve para a literatura serve também para a vida. Deveríamos escrever conscientes do que temos nas mãos, o que os romanos chamavam de *gravitas*, sem que isso nos contamine de solenidade e sem perder o espírito de jogo. O que importa é o objeto e não a pessoa que escreve. A escrita é como um exercício da memória; a necessidade de escrever surge da necessidade de guardar algo que você acha significativo e não quer perder. Na hora de escrever, é bom se desaburguesar um pouco. Estamos nos dedicando a algo que não é bem remunerado, são pouquíssimos os escritores que vivem de seus direitos autorais, e é assim, com essa experiência, que o escrever de algum modo marginaliza.

As perguntas que frequentemente são feitas aos escritores sobre se escrevem com lápis de carpinteiro ou no computador, se à noite ou pela manhã, com ou sem rituais, são perguntas inócuas e revelam a idealização do escritor. Por que não perguntam a que horas almoça, ou se toma chá ou café, ou se está com os impostos em dia? Há uma pergunta das mais curiosas: desde quando se sente escritor? Como se ser escritor fosse o produto de uma iluminação divina. Não se nasce escritor, se nasce bebê. Depois, vão nos acontecendo coisas e seguimos fazendo, vamos nos formando como escritor. O que importa é se empenhar em dar o melhor de si, e isso serve tanto para escrever quanto em outros campos da vida.

Às vezes vivemos abaixo de nosso próprio nível e nos sentimos estranhos e desnorteados. Lembro-me de quando tinha cerca de dez anos e me mandavam limpar os móveis. Eu não gostava, nunca gostei das tarefas domésticas de arrumação porque não rendem. Então limpava de qualquer jeito, a mesa tinha um vidro que eu nunca levantava porque achava seu peso desagradável e não entendia sua função, e embaixo da mesa havia um mistério obscuro e coberto de fiapos. Assim, eu fazia uma limpeza superficial, mas depois me sentia uma impostora. Esse sentimento era acompanhado de uma consciência difusa de meu baixo valor como pessoa, e isso acontecia porque eu não era capaz de me rebelar, nem de me submeter. Às vezes nos sentimos escrevendo ou vivendo abaixo de algo que poderíamos fazer melhor e do qual sentimos falta.

2
"Estar à meia-rédea"

> "Para escrever é preciso estar,
> como dizia Tchékhov, 'à meia-rédea'."
> HEBE UHART

A conexão consigo mesmo. A "dobra" ou o desdobramento. A literatura é algo particular. A repercussão dos fatos em mim ou no personagem. A perspectiva cética. A idealização do passado. Estados de espírito para escrever. "Estar à meia-rédea."

Escrever é um ofício estranho em que é necessário e imprescindível a conexão consigo mesmo, pois quem vai escrever deve aprender a se acompanhar, a se desdobrar de alguma maneira, sendo ao mesmo tempo o personagem que sente e o outro, o que observa esse que sente ou que está vivendo algo. A conexão consigo mesmo é importante, porque, se sou uma raiva permanente, um rancor ou um ódio, sou uma paixão em estado vivo; portanto, não posso qualificá-la, nem defini-la, nem restringi-la, nem criticá-la. Se tenho um rancor eterno não posso escrever sobre isso porque eu sou um rancor, eu sou uma raiva. Então, devo deter-me e observar. Isso é válido para qualquer conflito que temos com parceiros, amigos, outras pessoas, porque sempre estamos falando um pouco com outras pessoas, aconselhando, rejeitando, criticando, nos irritando. Mas paro e digo: não vou continuar me irritando com isso. É nesse momento que me desdobro, que surge a "dobra". Isso acontece quando me detenho para olhar o tipo de raiva que estou sentindo, eu a examino, a defino com o intuito de adquirir algum tipo de conhecimento de mim mesma, que é o que me serve para escrever.

Se tenho um sentimento, devo aprofundá-lo, e não permanecer na superfície. Estou cansada, por exemplo, mas qual é a qualidade do meu cansaço? Ou de que maneira específica alguém se cansa de si mesmo? Se a observação ou a percepção não estiver concluída, completa, me abstenho de escrever, porque qualquer coisa que escreva vai trair a ideia que tenho do tema. Se, por exemplo, escrevo em um conto que estou apaixonada, todo mundo tem uma experiência de estar apaixonado, mas com essa parte da dobra ou do desdobramento eu observo a qualidade da minha paixão, isto é, que detalhe concreto é próprio desse sentimento. Todo mundo se apaixonou alguma vez, mas cada amor é distinto, particular. E a literatura é algo particular, são os detalhes. A literatura é um terreno escorregadio: é íntimo e público ao mesmo tempo. Para escrever, não importam tanto os fatos, mas a repercussão desses fatos em mim ou em meu personagem. Não é necessário incluir muitos fatos, mas agarrar um fato, algo que me acontece, uma lembrança, uma imagem, e descrever sua repercussão.

Em *Memórias de uma menina católica*, Mary McCarthy faz referência às contradições dos diferentes membros da família diante de um mesmo fato e como cada um deles reage de maneira distinta ao ocorrido. Em *The point of view* [O ponto de vista], de Henry James, há uma história contada em cartas, escritas alternadamente entre mãe e filha, que dão versões totalmente diferentes sobre a mesma situação. Há escritores, como Anton Tchékhov, que são bons criando uma situação em que o leitor ouve a história. O narrador de Tchékhov faz todo mundo se calar para ele contar a história. Contudo, é muito difícil fazer bem um conto que parte desse lugar privilegiado do escritor. O recomendável é que quem escreve saia desse lugar, como faziam Felisberto Hernández ou Juan José Morosoli, que saem, se observam de fora e olham o que se passa. Mikhail Tchékhov[1] se apaixonava facilmente aos treze anos. Mas depois faz a dobra, o desdobramento, e diz: "às vezes eu me apaixonava por uma garota porque ela usava um vestidinho rosa, de outra porque tocava piano com dois dedos, de outra porque tinha um nariz assim ou assado". É nessa dobra que ele reconhece a peculiaridade de sua paixão. Quem escreve tampouco deve se concentrar em sua própria pessoa, tem que sair para o exterior. Temos que saber que sempre, ao escrever, mentimos um pouco.

Na virada para o século XX, há mais de cem anos, Joseph Conrad disse que percebia que muitos jovens estavam escrevendo de uma perspectiva cética e que, por algum motivo, essa forma de ver o mundo causava naqueles que a experimentavam um sentimento de superioridade que conspirava contra a excelência da obra.

O sentimento de vítima também conspira contra a escrita, porque toda vítima é narcisista. Quando tudo está mal, alguém pode se perguntar: "Por que isso teve de acontecer justo comigo?" A vítima vê o espetáculo do mundo como se o mundo estivesse contra ela. A pessoa que se autodefine como "muito sensível" não percebe a sensibilidade dos outros e não consegue sentir empatia pelos próprios personagens. Anton Tchékhov e

---

[1] Mikhail Aleksandrovich Tchékhov (1891-1955) era ator e sobrinho do escritor Anton Tchékhov.

Joseph Conrad dão muitos exemplos de empatia pelos personagens. O ceticismo exagerado causa esterilidade e também não ajuda a escrever, é uma atitude não conducente porque a figura de quem escreve é engrandecida. O tema, que deveria ser o mais importante, passa a ser apenas a sobra e acaba diminuindo. Aquele que escreve não deve focar em sua própria pessoa, mesmo que escreva sobre si mesmo. Em todo caso, precisamos nos equilibrar com o mal exterior.

Para Simone Weil, essa escritora inclassificável, a alegria nada mais era do que o sentimento da realidade. A tristeza, então, é o enfraquecimento dessa sensação. Conhecemos o testemunho de pessoas que passaram por períodos depressivos nos quais descrevem a perda de cor de tudo o que as circunda. O estado de depressão vai resultar em um ponto de vista cético que não é bom para escrever. É preciso sair para o exterior. Tchékhov – o ator – conta quando vence essa atitude que ele chama de "alegria do pessimismo", produto, no seu caso, da bebida:

> aquela exaltação espiritual, aquela capacidade de esquecer que eu experimentava em estado de embriaguez e pela qual, em rigor, bebia, deixaram de ser as mesmas que antes. Algo se opunha a meu estado de embriaguez. [...] Eu verificava o tédio em minha alma alcoolizada e gesticulava para meu interior. Me sentia exausto. Antes, o vinho me tornava espirituoso, alegre, leve, perspicaz, ousado, ao passo que agora se acrescentavam a tudo isso um tom de tédio e uma falta de engenhosidade e perspicácia que antes me proporcionavam sossego e alegria. Eu ia perdendo a alegria do pessimismo.

Tchékhov se dissocia e enxerga a si mesmo nessa transformação, nessa mudança de sensações que provoca uma situação xis, sem buscar o mal fora de si. É uma questão inclusive orgânica ou biológica: para se equilibrar, muitas pessoas depositam o mal fora de si mesmas, em uma pessoa, na família, no governo. Se o mal está fora de mim, permaneço fora desse mal, e o personagem é exaltado. A evasão não associa o mal-estar com o que está sendo vivido.

No processo de escrever é preciso estar, como dizia Tchékhov[2], "à meia-rédea":

> o que quer eu desejasse em minha infância, qualquer fosse o jogo ao qual me entregasse, o que mais me importava era o resultado, o final, o arremate perfeito. Fazia tudo precipitadamente, com pressa, avançando com entusiasmo ao resultado predeterminado. Eu mal experimentava o prazer do processo do jogo, apressando-me para finalizá-lo. [...] Agora, por outro lado, ao executar algum trabalho, quase sempre chego a um estado de espírito inverso.

---

2   Durante muitos anos, Hebe trabalhou com um livrinho de Tchékhov publicado em Buenos Aires pela editora Índice, em 1959. Na capa, Anton Tchékhov é indicado como autor, mas se trata de um dado apócrifo, provavelmente um truque do editor para vender o livro. O escritor Anton (Pávlovitch) Tchékhov (1860-1904) nunca escreveu sua autobiografia, e é pouco provável que o fizesse 24 anos depois de sua morte. O verdadeiro autor é M. A. Tchékhov (Mikhail Aleksandrovich Tchékhov), o sobrinho de Anton. O livro foi concebido como um manual para atores e foi intitulado, em russo, *Put Aktiora*, ou *O caminho do ator*. Foi publicado originalmente em 1928, em Leningrado. Como na maior parte da bibliografia do russo, a versão argentina não é uma tradução direta do russo, mas a versão do inglês estadunidense: *To the actor* (Nova York, 1953; há uma segunda versão mais moderna publicada pela Routledge em 2002). A expressão "estar à meia-rédea" é de Mikhail A. Tchékhov, e não de seu tio Anton.

Todo meu interesse está voltado para o próprio processo de trabalho, ao passo que seus resultados constituem uma surpresa. [...] Pouco a pouco a autoconsciência foi se firmando em mim, e notei que, com relação a isso, meu cansaço, que antes tanto me afligia, diminuiu. Eu me cansava da multiplicidade de impressões externas, as quais eu permitia que me influenciassem sem nenhum controle. Eu estava materialmente destroçado pelas impressões mais variadas e desarmônicas. Era desconhecida para mim a *sensação de estar à meia-rédea*: eu não sabia afastar de mim as impressões desnecessárias. Reagindo a tudo o que encontrava pelo caminho, eu gastava e esgotava minhas forças.

Nem me entedio, nem me canso, nem me irrito: devo acompanhar minha vontade de escrever, depositar toda energia nesse processo de escrita. É preciso saber ter paciência, dizer a si mesmo "agora não sai, mas logo vou conseguir". Desconfiamos de nós mesmos quando dizemos "não tolero tal coisa". No "não tolero" se lança a boa disponibilidade para os outros. Se não tolero nem tenho paciência comigo, me converto em um mero operador. No caso de escrever sobre uma experiência vivida, me desdobro: eu sou a pessoa que escreve e o personagem que estou escrevendo. O desdobramento é imprescindível para aprender a filtrar impressões.

Há uma tendência nos mais velhos de afirmar que todo passado foi melhor, mais vivaz e mais vigoroso. Quando fala de sua época em *Músicos y relojeros* [Músicos e relojoeiros], Alicia Steimberg faz sua avó dizer: "esses é que eram invernos de verdade e não os de agora, que não se sabe o que são"; "esses é que eram morangos de verdade, maiores e mais vermelhos". Sua percepção foi empobrecida porque o mundo se esgotou para ela. Quando estou contente ou lúcida, concedo aos objetos uma prontidão e uma nitidez que eles não têm quando estou triste, me conecto com o mundo de maneira diferente. Mas, quando estou contente, a água ferve quando tem que ferver, preparo um chá e estou de acordo com o universo e com as coisas.

Qual é a relação entre a atitude alegre e a sensação causada pelo mundo para aquele que vai escrever? Se o que é bom é que dá realidade às coisas e tudo está ruim, eu me coloco acima das coisas e da realidade. Minha tia María, que era louca, dizia em uma de suas falas incompreensíveis que eu tentava entender: "tiraram de mim a mãe, a chave e a panela", e eu pensava, como ela pode colocar a mãe no mesmo nível da chave e da panela? Parece um disparate, mas sua frase pode ser compreendida a partir da perda do real. Minha tia não tinha acesso à mãe, ao carinho, não tinha acesso às coisas, aos objetos, nem tinha acesso ao alimento. Ela vivia em um submundo perdido e deteriorado, de uma tristeza profunda.

Para Espinosa, a tristeza é a consciência de nossas forças inferiores. A tristeza nos apequena e são poucos os escritores que podem fazer literatura a partir desses temas. Enrique Wernicke, por exemplo, escreve sobre a morte do pai em "La mudanza" [A mudança]. Trata-se de um luto recente, é um sentimento imediato, que não é a mesma coisa que a evocação ou a reflexão de uma perda. Wernicke revela uma forma particular de estar triste, que é diferente em cada pessoa. Embora os sinais sejam iguais, como o choro, o desespero ou o isolamento em si mesmo, a perda se expressa na literatura de forma distinta. Wernicke concentra o olhar nos objetos que permanecem: "as coisas nunca vão saber que nós partimos" ou "as coisas dos mortos deveriam partir com eles".

Eu herdei da minha mãe uma louça com a qual não tinha intimidade e a vendi para uns ciganos. Em uma vitrine que não se atualiza, por exemplo, há uma consciência diferente do tempo. As coisas são testemunhos de vidas, mas revelam toda a futilidade da existência. Para Wernicke, os móveis são como animais para os quais é preciso encontrar um ninho. O que é muito colorido não anima um deprimido, há uma reação ao não dito. As pessoas, diz Wernicke, "deveriam conversar entre si para sempre". Diante da iminente mudança, Wernicke disse a si mesmo: "sou muito velho para me impor uma casa nova". E está certo, quanto mais velho se é, mais trabalho as coisas dão e mais difíceis são os lutos.

"Estar à meia-rédea" significa não estar nem tão eufórico, porque sairia de mim algo que parece ter sido feito por um bêbado ou um drogado, nem tão deprimido, porque eu veria o mundo tão escuro que nada valeria a pena, estaria em um estado de depressão que me impede de olhar. Aprender a conviver consigo mesmo é útil não só na literatura, mas também na vida, é útil para superar essa dificuldade – seja ela não encontrar a palavra adequada ou a melhor maneira de cuidar de um cachorro. Quando definhamos ao escrever, começamos a achar que tudo está ruim, que nada nos agrada, que o texto está dando errado. Não é bom ser masoquista, é preciso ser moderado. Se não toleramos muitas coisas, é porque não toleramos a nós mesmos. E, quando não nos toleramos, não podemos escrever. Horacio Quiroga dizia: "Não escreva sob o império da emoção. Deixe-a morrer e evoque-a mais tarde. Se for capaz de reavivá-la tal como era, então conseguiu atingir a metade do caminho na arte."

3
Um mar de hesitações

"Não desejo algo porque é bom.
É bom porque o desejo."

ESPINOSA

Saber e não saber aonde vou. Conhecer as próprias limitações. Escolha do tema. Páthos ou Eros dissimulado. Acompanhar a si mesmo. Escrever não é inventar. Um tema me convoca. A verossimilhança do texto. O apego à realidade. O imaginário inapreensível. Idealização da infância. A observação dos animais. Não acelerar o final. Traçar o próprio caminho. Não depender da crítica. O internismo dos escritores. A consciência do papel do escritor. Pessoas que escrevem.

Ao escrever é preciso haver um momento de hesitação, devo saber e não saber aonde vou, para que o texto seja como uma viagem e ocorram novidades no trajeto, que é a melhor coisa que pode acontecer. Se já sei aonde vou, se me fechar para alcançar minha meta, nada interessante vai acontecer comigo. Mas, mesmo conhecendo o todo, podem acontecer coisas pelo caminho.

Trata-se de ressaltar o que desperta minha atenção e, para isso, preciso treinar o olhar e a reflexão em função dos temas, das sensações, dos personagens ou das condutas que me chamaram a atenção. Escolho o que me interessa e, ao mesmo tempo, devo saber o que pode ser interessante para o leitor, quais temas comunicam. Trata-se de escolher e recortar, não de contar tudo o que sei. Do mesmo modo que não digo tudo o que penso, não vou escrever tudo o que sei sobre o tema. Quando faço uma viagem, não apresento todas as informações, porque o texto se transformaria numa Wikipedia. Tenho de ser livre quando escrevo, mas também disciplinado. A facilidade para escrever é de grande ajuda, mas pode se converter em obstáculo. Escrever é um dom como qualquer outro. Simone Weil dizia: "uma dificuldade é um sol".

A primeira coisa que quem vai escrever precisa saber é qual é o seu objetivo, com qual material deve ou pode lidar. Cada um deve saber quais são suas limitações, dizer a si mesmo: não posso trabalhar com esse material, porque não consigo lidar com ele. Nem todos os materiais são para mim. Preciso saber que um tema me convocará e vai se impor sobre todos os outros. É como escolher qualquer outra atividade na vida. Por exemplo, um vestido: posso gostar, mas sei que não vai me cair bem. Ou quando vou a um restaurante onde tem de tudo, mas preciso escolher o que gosto ou o que desejo comer ou o que posso pagar do cardápio.

Então, escolho o tema que me interessa e depois o defendo. Devo defender minha inclinação, meu desejo. Às vezes as pessoas não defendem a própria inclinação porque acham que não é objeto de literatura, que o tema que escolheram é uma bobagem, e não material literário. Há diversas histórias que podem ou querem ser narradas, e é preciso encontrar um lugar mental e um tempo para essa história particular que me convoca. A infância, por exemplo, tem relação com o mítico. O adolescente, por sua vez, está muito imerso em si mesmo, é mero corpo. As pessoas vivem em um mar de hesitações. Tudo é escolha. Espinosa dizia: "Não desejo algo porque é bom. É bom porque o desejo."

Nem sempre escolhemos os temas, às vezes os temas nos escolhem. Saio ou não saio para a rua? Vou para essa festa? Há mil motivos para sair ou tomar uma decisão determinada, e para isso é preciso conhecer a si mesmo. Decido e depois ajo, tomo café ou chá, acrescento leite ou limão nele. Às vezes é o corpo que decide por você. O processo de seleção pode ser interno, como ocorre com a escolha dos personagens. Existem coisas que nos convocam, que nos chamam. Ou arranjo uma desculpa para não ir, para não fazer, e essa desculpa se transforma no meu tema.

De certa forma, escrever é um Páthos ou Eros dissimulado. Um texto é um entusiasmo sublimado, uma transposição de Eros. O amor não seria, talvez, um trabalho? Quando nada me interessa ou tudo me interessa da mesma maneira, não posso escrever com base nessa indistinção. Para escrever, devo saber lidar com o tempo interno, manter o nível dessa tarefa que deve durar um tempo mínimo, para que alcance resultados. Procuro um tempo para escrever, e nessa tarefa acompanho a mim mesmo como quem escreve e também como aquele que acompanha quem escreve, assumindo o controle do que faço. Uma certa segurança é necessária, mas sem ser petulante. É o mínimo de segurança de que necessito para pensar que vou fazer algo bem-feito, sem depender de elogios nem de pauladas.

Escrever não é inventar. A realidade já é uma invenção, porque o real não existe, assim como nem tudo é real da mesma forma para todo mundo. Escrever é partir de algo que deve ser verossímil; pode ser uma sensação ou um sonho, mas que deve ter pés e cabeça.

Quando escrevemos, tendemos a contar tudo em detalhes por diversos motivos: por apego à realidade, porque tornamos a realidade mais complexa ou porque ficamos absortos em nossas próprias palavras, em nosso próprio discurso. Devo e não devo ter apego ao real. Se inventar sem saber, se imaginar por mero capricho, não vai dar certo. É preciso se ater à experiência. Mas não de uma forma na qual o texto nos resulte carregado de detalhes sem importância ou com elementos tão pouco significativos para a história a ponto de aturdir o leitor. Quem está começando a escrever costuma se deter em questões banais, por exemplo: "era uma tarde de dezembro..., não, na verdade era início de janeiro". Quem se importa com a data exata? Quanto mais fantasioso é meu texto, mais verossímil devo me manter para que o leitor não abandone a leitura.

Pode acontecer que quem escreve queira fugir da realidade por meio da escrita, seja porque tem a concepção de que o mundo em que vive é uma chatice, seja por qualquer outra razão. Uma vizinha minha acha que a avenida Corrientes, em Buenos Aires, é "cafona"; então ela se arruma, se "monta" e vai para outros lugares, vai a um café na Recoleta, onde ela supõe que está o centro de poder. A relação da rebeldia contra a realidade e o imaginário inapreensível é um bom tema para escrever. E o fascínio também está implícito na escolha que faço do personagem.

Muitas vezes na oficina proponho escrever sobre a própria infância, mesmo que de modo geral haja uma idealização da infância. Alicia Steimberg dizia: "não acredito naqueles que me dizem que tiveram uma infância feliz". As crianças podem ficar completamente entediadas, mas quem escreve, já mais velho e distante, não se lembra desse tédio ou o nega. Outro tema pode ser a relação das garotas jovens com homens mais velhos, mas se não passei por essa experiência ou não a observei com profundidade nos outros, não me meto, porque não vai surgir algo bom. Um tema sobre o qual sempre quis escrever é o da família ideal, mas nunca consegui. É preciso fazer bem os textos, saber se desprender do ponto de vista da idade; se não for feito dessa forma, sai um texto "de fundo de gaveta".

Gosto dos animais como tema porque são uma fonte de prazer imediato. Podemos observá-los sem censura e exercitar a atenção durante muito tempo. Para as pessoas, os animais sempre têm um componente misterioso; gostaríamos que, para nos aliviar, eles falassem um pouco. Saki[3] escreveu sobre os animais e Julio Ramón Ribeyro tem umas crônicas muito boas sobre as observações que fez de seu gato em Paris.

Um bom tema ou uma boa trama podem ser prejudicados pela precipitação, por acelerar o final. Quando precipito algo e não me ocupo com os problemas menores que vão ocorrendo, fico com uma trama de fundo de gaveta que não diz nada. Se perde por impaciência, por ansiedade. É preciso pensar bem a trama e não escrever por capricho, nem querer matar vários pássaros com um único tiro. Também, quando forçamos a trama do real por vontade de ir mais além, estamos forçando os limites, e o texto, com certeza, vai perder a verossimilhança.

Receber conselhos de outra pessoa é bom, mas em última instância cada um deve traçar o próprio caminho. Cada um tem uma experiência de vida diferente, e o que pode ser bom para mim pode não ser para você. É um engano depender da opinião, da crítica ou do elogio alheio. Não se deve deixar que os entusiasmos do outro me contagiem, porque são equívocos. Não dá para saber exatamente como se faz algo bem. Na arte, na música ou na literatura, o elogio não é mensurável. O fazer artístico não pode ser medido, tampouco estimado, como acontece com a feitura de um sapato, que, quando bem-feita, fica perceptível.

---

3 Pseudônimo de Hector Hugh Munro.

A busca pelo sucesso implica uma dependência, uma escravidão da qual é difícil escapar. Heráclito dizia que tudo o que facilita, ao mesmo tempo, dificulta. Para o sucesso existem parâmetros muito simples, como o econômico. Dizemos: "é um vencedor", "é um perdedor", isso é mais fácil de medir. Mas como medir o amadurecimento, os vínculos internos? Amadurecemos aos pontapés, e não de forma homogênea como uma pera.

Ao mesmo tempo, a pior inibição para escrever são as próprias palavras. Começamos a nos conciliar com o que está ruim, para não magoar ou parecermos maldosos. Mas também criticar positivamente um texto em que tudo está ruim, das palavras à falta de ideia, a dispersão ou o egocentrismo de quem o escreve, pode ocasionar um calhamaço do qual ninguém é capaz de sair, e a pessoa que não se critica continua com o próprio calhamaço. Não é melhor criticar?

Quem escreve deve esquecer que está escrevendo. O escritor deve ser parcial, não ficar só no todo, no geral. As pessoas ricas ou lindas ou com certo poder vão e orquestram coisas; não estão o tempo todo pensando que são ricas ou lindas ou poderosas, nem sequer dizem isso – como fazem alguns escritores, que esclarecem sem parar que são escritores.

Em Buenos Aires, a geração que tem por volta de quarenta anos escreve muito sobre escritores. Em outros lugares, isso não acontece. Os peruanos escrevem muito bem, os colombianos idem. Eles não escrevem tanto sobre escritores porque isso é escrever sobre si mesmo e é meio pedante. O que acontece com o internismo dos escritores em Buenos Aires é que muitos, em vez de darem o nome correspondente a um personagem, dão uma piscadela interna e colocam o nome de outro escritor. Isso é uma marca de internismo, quando na verdade o que deveria ser feito é comunicar outra coisa para as pessoas. Acontece algo parecido no teatro: "nós nos divertimos", dizem. É como se as pessoas precisassem que um ator ou um escritor fosse *per se*, como uma entidade platônica. Isso foi incentivado nos últimos anos. Um escritor que se acha não quer ser um trabalhador, um artesão. Quer dizer: "que bela mão eu tenho". E é algo que temos de esquecer se quisermos fazer algo bem-feito.

A consciência do papel conspira contra a eficácia do que vou escrever. O escritor é uma enteléquia: há vários escritores e são todos diferentes.

Eu nunca me senti escritora, nem mesmo agora. Acho que não devo me sentir escritora, não como algo excludente. Além de escrever, tenho diversos papéis. No decorrer do tempo, vamos escrevendo coisas que os amigos gostam, e alguém diz: "por que você não publica?". É assim que as pessoas começam a se tornar alguém que escreve e publica, e não a partir da ânsia primordial de ser escritor. As pessoas idealizam muito a figura do escritor, e essa idealização conspira contra o desenvolvimento da vocação pessoal. Na literatura há modelos; assim como existem modelos de beleza na moda, acontece entre os escritores. Não existe escritor, existem pessoas que escrevem.

4
A linguagem e o mistério

> "Toda arte é a arte de escutar."
>
> HEBE UHART

Quem está começando a escrever. O concreto e o específico da escrita. A não identificação com o artifício. Um acúmulo de contradições. O processo de idealização. Os juízos de valor bloqueiam. A observação da realidade. A arte de escutar. O "eu" posicionado do escritor. Flannery O'Connor e a observação do concreto. Simone Weil e a aprendizagem do olhar. A atenção passiva e paciente. A atenção como hábito. Cindir-se do "eu imediato". O sentido da linguagem e o sentido do mistério. A angústia da dúvida. Olhar os detalhes.

Quem está começando a escrever quer colocar tudo. Em vez de escrever sobre temas concretos, coloca ideias, opiniões sobre o amor, sobre a liberdade, sobre a morte. Há pessoas que usam artifícios para expor sua ideologia, mas o leitor não pode se identificar com o artifício. Discorre-se sobre temas como a ditadura militar, as vítimas do bombardeio de Guernica ou a fome na África, mas são generalizações. Se, no entanto, vejo que na África estão produzindo um bom cinema, o que é verdade, e se me identifico, isso acontece porque é algo que tem a ver comigo.

Flannery O'Connor dizia que "para a maioria das pessoas, é muito mais fácil expressar uma ideia abstrata do que descrever um objeto que realmente está vendo. Mas o mundo do romancista é feito de matéria." Se o pensamento do autor não é capaz de estar a serviço da experiência, a escrita se torna uma coisa fingida: "Se não puder escrever algo sobre uma experiência mínima, provavelmente também não será capaz de escrever sobre muitas outras experiências. A tarefa do escritor é observar a experiência, não se fundir a ela."

Somos um acúmulo de contradições. Eu vou a uma padaria e tomo um café com leite com adoçante. Mas depois peço ao garçom mais uma porção de doce de leite para as torradas. Mansilla ia ao deserto sem se importar com os bichos ou os perigos, mas usava luvas para proteger as mãos. Aos três anos, o neto de uma amiga falava como um sábio: "eu considero...", "eu não tolero...", falava desse jeito, mesmo ainda usando fraldas. Era um sábio de fraldas.

O processo de idealização nos impede de ver a realidade como ela é. Quando estive em Los Toldos, vi um cacique que me pareceu muito sombrio: organizava festas e fazia bons negócios. Então perguntei a dom Haroldo Coliqueo como era possível um cacique trabalhar com isso, e ele me respondeu: "entre nós também tem de tudo". Eu idealizava a figura do cacique e não percebia que, em seu ambiente, como em qualquer outro, tudo está misturado. Nada é nítido nem vem pronto, nem na vida nem no amor. Os juízos de valor bloqueiam.

Uma garota da oficina escreve sobre um bairro de Paris e diz que é um "bairro sórdido". Uma coisa é um bairro sórdido em Paris e outra em Assunção ou Buenos Aires. Qual é a especificidade dessa sordidez? Quando eu digo: "os pobres (ou os indígenas do Paraguai) não querem trabalhar", mantenho o preconceito.

Mas, ao observar que quando trabalham conseguem melhorias, mas vem outros e lhes arrancam o que têm, pois as terras não pertencem a eles, então essa é uma boa observação, porque ultrapasso o preconceito. Tudo o que é exibido ou exposto na escrita – ou no pensamento que se oferece ao narrador – deve ser feito pela observação e pela especificidade dos acontecimentos.

O "eu" que vai escrever é um "eu posicionado", não é meu "eu real". O "eu real" é o que sente frio, o que não suporta algo e o que tem juízos de valor. Se não suporto muitas coisas, também não vou suportar o fato de que estou observando para escrever. E o "eu" que escreve precisa ter um vínculo direto com o que não suporta. Para Felisberto Hernández, por exemplo, o corpo é "sem-vergonha". O corpo come, dorme, caga. Felisberto sabe se dissociar, como Nietzsche, que chamava sua dor de "meu cachorrinho". Ele se detém e examina a dor, escreve a partir desse "eu posicionado".

Toda arte é a arte de escutar. Quanto mais observo, mais saio de meu preconceito. É difícil olhar para o real sem postergar o preconceito, mas para escrever isso se faz necessário. Muitas vezes as pessoas não olham para o real, não olhamos o que há. Flannery O'Connor fala da observação do concreto, diz que não é possível criar compaixão pela compaixão. Se alguém escreve "como me sinto triste", não presta, tem que mostrar essa tristeza. Se alguém inclui um personagem que aparece por apenas um segundo, tem que saber para quê. Senão, ele nem deve estar lá. O'Connor dizia: "o escritor está buscando uma imagem que conecte, combine ou encarne dois pontos; um está arraigado no concreto, o outro é invisível a olho nu, mas o escritor acredita firmemente nele, e é tão inegavelmente real como o ponto que todo mundo enxerga". Quanto mais se olha o mundo, mais é possível ver.

Simone Weil dizia que aprender a observar é a base de todas as artes, com exceção da música. Trata-se de uma "disposição do sujeito na qual ele se envolve depositando tudo de si mesmo". A atenção "torna-se mais hábil por sua constância, que se opõe à dispersão própria da curiosidade". Weil também dizia que "o conhecimento não é obtido pelo acúmulo do que está disperso, mas pelo aprofundamento contínuo dele". E que, no âmbito da inteligência, a humildade é somente atenção. Clarice Lispector observou mais quando escreveu o conto da mulher que não pode ir à rua com o rosto nu e se enche de maquiagem para ir a uma festa, só então ela demonstrou uma atenção paciente[4].

Às vezes enxergamos mal, de propósito. O "eu narrador" que surge num texto seria como o diretor de uma obra teatral que se põe no palco. Por isso, o "eu imediato", aquele dos medos e das dores e dos preconceitos, deve ficar fora de cena. É preciso deixar os personagens pastarem em minha cabeça. Quanto mais atenção dou a eles, mais profundidade terá meu texto. Devemos jogar fora o que não é significativo, não é necessário incluir tudo. "Me casei", por exemplo, é um dado anódino. Para alguns, é apenas um trâmite; para outros, pode significar uma mudança absoluta na vida.

A atenção deve se tornar hábito. Maior liberdade do pensamento, maior disciplina. Se elaboro um texto ficcional, preciso ter mais autocontrole, eu sou o controlador da ficção que estou criando. E, quanto mais fantástico for o tema escolhido, mais aferrado ao real deve ser. Um conto fantástico tem que ser, acima de qualquer coisa, verossímil.

---

4   Referência à crônica "A bravata". [N. do E.]

Como aprendo a observar? Aprendo a observar tornando-me passivo, cindindo-me do "eu imediato". Simone Weil dizia que "a atenção tem caráter passivo e paciente, oposto ao caráter ativo e laborioso da vida que se desenvolve sob o império da necessidade". Alcanço um estado de espírito uniforme, sem altos e baixos. Não posso escrever estando deprimido, bêbado ou eufórico. Isso não se adquire da noite para o dia, é um hábito. Preciso aprender a usar os sentidos, evitar os juízos imediatos, que muitas vezes são preconceitos. A forma não está em conflito com o material. Quando estou escrevendo, adquiro essa atitude passiva para deixar que os personagens pastem em minha cabeça e, num exercício de obediência e desobediência, me esqueço das fórmulas literárias. A atenção e a observação são treinadas. Kafka não queria escrever sem profundidade: quando a observação ou a percepção não estavam concluídas, se abstinha de escrever para não trair sua ideia do tema ou do personagem.

O'Connor fala sobre o sentido da linguagem e o sentido do mistério. Dá pauladas em seus alunos, que são todos sulistas. Nos contos, os personagens de seus alunos falam como os da televisão. Ela lhes diz que não captaram a linguagem:

> não existe nada pior do que um escritor que não usa os dons de sua região [...] quando a vida que realmente nos rodeia é totalmente ignorada, quando nossos padrões de linguagem são completamente deixados de lado, algo está errado. [...] A linguagem caracteriza a sociedade, e, quando se ignora a linguagem, é como ignorar o ambiente social que pode moldar um personagem carregado de significado. Não se pode separar os personagens de seu entorno e muito menos falar deles como indivíduos. Não se pode dizer nada de significativo sobre o mistério da personalidade a

menos que essa personalidade esteja situada em um contexto social verossímil e significativo, e a melhor maneira de chegar a esse ponto é com a linguagem particular do personagem.

Para escrever, são necessárias duas coisas: o sentido da linguagem e o sentido do mistério. Na linguagem percebemos um mistério, algo que aparece para além do que digo ou me dizem. Penso no tango, por exemplo: "*por una cabeza de un noble potrillo*" [por uma cabeça de potro nobre][5], que parece falar além do tango. Não é possível dizer nada sobre a personalidade do personagem se não sou capaz de situá-lo em seu mistério, em sua vida, em seu mundo por trás da linguagem. Borges escreveu: "Facundo Quiroga vai de coche para a morte." Essa é uma linguagem inspirada que nos fala de um mundo misterioso, são frases que por algum motivo ressoam em você, que ficam em você por conta do componente de mistério.

Por que fazemos julgamentos apressados? Porque nos angustia nos manter na dúvida. Para escrever, o julgamento apressado é inútil. Se eu digo que um personagem "é uma figura", não estou dizendo nada, tenho que especificar que tipo de figura ele é. Se digo "me incomoda", "não gosto", "não existe", ou "me incomoda porque existe", ou "é um fantasma", estou negando o personagem, pois são expressões rápidas que não o definem. Para escrever tenho que me manter em uma dúvida razoável, ficar um pouco antes do conceito, da crítica, do julgamento rápido.

Alguns escritores são muito vagos ou vaidosos e assim não ousam olhar os detalhes. "Isso não está à minha altura", dizem,

---

[5] Referência ao tango "Por una cabeza", de Carlos Gardel e Alfredo Le Pera. [N. do T.]

e não observam nem escutam como as pessoas falam. Mansilla, quando vai trocar cativos, para cristianizá-los, fica observando o vestidinho de uma indígena. Ele diz: "o vestido dessa indiazinha não é nem da aldeia nem da cidade", e se questiona como é que ela estava vestida daquela maneira. Até que lhe explicam que vem de um *malón*[6], que o haviam tirado de uma virgem e vestido nela. Mansilla era escritor e estava curioso para saber de onde vinha o vestido.

---

6   Irrupção e saque realizados por mapuches e povos afins contra os assentamentos de seus inimigos e, em determinado contexto histórico, contra as tropas espanholas. [N. do T.]

5
Como as pessoas falam

O sentido da linguagem. Dois tipos de escritor. Saber olhar e saber escutar. Os juízos de valor bloqueiam. Apropriar-se da forma particular da fala. Não escrever de modo abstrato nem ficar absorto nas palavras. A coloratura da voz. Cubanos, brasileiros e paraguaios. A marca guarani. Comunicar um mundo. A tradição escrita e a língua falada. A linguagem de classe. O idioma de campo de Juan José Morosoli. As palavras das ruas e os modismos da época. Antonio Di Benedetto. Isidoro Blaisten e os achados linguísticos. O repertório dos outros. A pontuação é a respiração do texto. O valor da palavra.

O sentido da linguagem é muito importante e, como dizia Flannery O'Connor, "boa parte do trabalho do escritor já está feita antes de ele começar a escrever, porque nossa história vive em nossa forma de falar". Não é a mesma coisa dizer que está calor ou "*calorón*" [calorão], como se diz em Córdoba, ou "*calorazo*" [calorzaço], na província de Buenos Aires. Em Corrientes, a linguagem é muito visual: há placas de acidentes de trabalho que mostram uma estrada, um carro, um céu, e esse cartaz está me dizendo como eles são. Quando perguntei a uma senhora de Amaicha se ela tinha cachorro, ela me respondeu: "*unito*" [unzinho].

Essas observações são importantes em uma crônica de viagem, em que tenho que olhar os jornais, as pixações, os cartazes das igrejas. Tenho que ver a linguagem. Na linguagem popular se diz "*guampear*" [chifrar] para meter o chifre em alguém (vem de "*guampas*" [chifre]). "*Te uñe*" [te unhei] dizem no lugar de "*te rasguñé*" [te arranhei]. Em cafés no Chile, você pede um cappuccino e te respondem: "*bueno, dama*" [certo, dama]. Te perguntam: "*dama, un café?*" [um café, dama?], e você se sente como uma antiga dama. No interior há uma ausência de respostas diretas, não dizem sim ou não como em Buenos Aires, mas: "*si usté quiere*" [já que cê quer assim], "*si usté lo ve de esa manera*" [se cê acha que é assim] ou "*puede que así sea*" [pode ser], em vez de um sim definitivo. Para o animal que levanta muito a cabeça ao caminhar dizem "*estrellero*" [estreleiro], porque ele olha para o céu e porque chamam a testa do animal de "*estrella*" [estrela].

Há dois tipos de escritor, os que olham pela janela, como Felisberto Hernández, e os outros, que se misturam com as pessoas, com a sociedade, com os ricos, com os pobres, com o campo, com o modo de falar. Geralmente não escutamos, fazemos juízos de valor. Para escrever, é preciso saber olhar e saber escutar como as pessoas falam. Aqueles que querem escrever devem olhar bem a fundo e escutar a fundo.

Um dia me convidaram para uma conversa de senhoras na qual puseram o nome de "tertúlia". Uma senhora me disse: "como você sabe escutar!", mas escutar não é uma virtude difusa ou divina, é algo que se aprende. Não falta talento nem inteligência na Argentina, falta disposição para escutar. Precisamos sair de nós mesmos, mas, se você pensar que o fora é algo detestável, não vai sair de si e estará mal posicionado para interpretar o outro. Não podemos nos colocar acima do que vamos escrever, porque os juízos de valor bloqueiam. Se você escutar uma pessoa de outra classe social e reparar apenas nos erros da fala, então não vai conseguir entender o que está acontecendo.

O personagem tem que ser mostrado como tal através do que é e do que diz. Se quero escrever devo me apropriar da língua de meus personagens de modo particular e não os deixar falar de modo abstrato, sem que eu fique absorta nas palavras. Mas como faço para me apropriar de um modo próprio de falar utilizando a língua, que é o instrumento comum? Tenho que prestar atenção em como meu personagem fala, refletir a respeito dele.

Estou interessada na linguagem, não tanto na entonação ou nos tons da voz, mas na coloratura da voz. Você pesca os paraguaios quando os escuta falar, através da tonalidade, da coloratura de sua voz, que é muito diferente daquela de um peruano ou de um portenho. A voz do peruano é mais espessa. Um brasileiro do Rio de Janeiro parece falar com o nariz. E se você vai à fronteira, já no Rio Grande do Sul, encontra um castelhano brasileiro. Os chilenos sobem a voz, e ela sai aguda. Isso já tem a ver com outra coisa, não importa o que vão dizer, a tonalidade os entrega e nos ajuda a construir o personagem. Em Cuba, em vez de dizerem *"me agarró la ira"* [fui dominado pela raiva], dizem *"me salió el yo capitalista"* [me escapuliu meu eu capitalista]. Também dizem, para expressar que você pode ficar à vontade, *"acojínate"* [acoxinhe-se], de *"cojín"* [coxim], *"almohadón"* [almofada]. Em uma escala mais literária, Dostoiévski escreveu: "E morreu para sempre", que não é a mesma coisa que "morreu", simplesmente.

Nos jornais paraguaios, você pode encontrar manchetes como: "morreu em um tiroteio durante uma serenata". Aqui a linguagem propõe situações contrastantes que também são inspiradoras para escrever. Ou como dizia uma senhora paraguaia que trabalhou em minha casa: *"yo voy por la vida sin pordelantear a nadie"* [sigo na vida sem porcimar ninguém]. Os paraguaios são diferentes, são insólitos, porque apresentam um elemento estranho na linguagem e na forma de ser. Usam expressões como "*muy mucho*" [muito demais] para exagerado ou algo que é demais, e "*no era dueño de su lengua*" [não era senhor de sua língua], quando querem dizer que falava palavrão, são formas que também se utilizam no norte argentino.

O castelhano que se fala no Paraguai tem uma marca guarani, e a frase se constrói com a anexação dos substantivos: no lugar de ladrão de carros, dizem "*robacoches*" [rouba-carros]; em vez de dizer "*barrio que mira al lago*" [bairro de onde se vê o lago] falam "*Barrio Miralago*" [Bairro Velago]. O dinheiro enterrado que os descendentes dos guerreiros procuravam no Paraguai, achando que poderiam encontrar tesouros escondidos, era chamado de "*plataentierro*" [grana-enterro]. É uma linguagem sintética que emprega palavras novas, é própria do lugar e fala da mentalidade das pessoas. A associação de gays do Paraguai se chama "Paragay". Em guarani, a internet é chamada de "*ñandutú guazú*"; na Patagônia, escutei um carpinteiro paraguaio dizer "hipuche", para definir a mistura de hippie e mapuche: "*lo quiere en blanco (legal) o en hipuche?*" [quer em branco (dentro da legalidade) ou hipuche?], perguntou o homem. Uma vez, em Diamante, uma senhora que estava sentada "a favor do rio", esperando a noite para ver as luzes de Coronda, no interior de Santa Fé, me disse: "*viera como loquean las estrellas*" [veja como louqueiam as estrelas], que não é a mesma coisa que dizer como brilham ou cintilam. A linguagem define os personagens.

Mansilla, que foi militar, escritor, dândi e sobrinho excêntrico de Rosas, dizia que escrever não é escrever bem, mas comunicar uma experiência. Comunica-se com emoção e sentimento pela linguagem. Ele se referia a isso em uma época em que os argentinos valorizavam os escritores espanhóis que eram retóricos e barrocos. Embora só tenha começado a ser reconhecido em 1920, Mansilla marcou o início de uma geração de escritores que inauguraram o estilo argentino direto, simples e engraçado, os que começaram a escrever como se escreve hoje. Admirava Fray Mocho, que antecipou o tango *reo*[7] e utilizou uma linguagem do campo. Com escritores como El Gordo Guido Spano – que, assim como Onetti, passou os últimos vinte anos de vida na cama –, escreveu sobre o portenho que vai à Europa gastar o que ganhou no campo, um grupo que nasceu da ascensão social. As tônicas dos portenhos surgiram nessa época: *"si es caro, es bueno"* [se é caro, é bom]; dizem: *"lo compré en tal lugar"* [comprei em tal lugar]; viajam a certas cidades da Europa porque é *"lo que hay que ver"* [o que deve ser visto]. Mansilla dizia que Fray Mocho comunicava um mundo. E isso é a coisa mais importante, porque a forma, depois, pode ser corrigida facilmente.

Em Fray Mocho, leio *"pa"*, em vez de *"para"*. Alguns de meus alunos leem *"para"*, porque acham que *"pa"* não corresponde ao universo literário. E, se você lê *"para"* quando está vendo *"pa"*, está afastando do seu campo visual e do seu campo de apreensão não apenas a linguagem, mas toda essa camada da sociedade que não fala "corretamente". Eles têm a ideia de que escrever bem é o mesmo que falar "corretamente". Por isso, Fray Mocho não é ensinado nas escolas. Mas com esse critério não registraríamos as pessoas de outras camadas que não pertencessem aos estratos médios ou intelectuais.

Existe toda uma tradição, e acho que desde *M'hijo el dotor*, de Florencio Sánchez, na qual é estabelecida uma relação de incompreensão entre pai e filho. Há um antropólogo que diz que, se os povos primitivos soubessem da cisão que vai ser causada entre pais e filhos quando mandam as crianças para a escola,

---

7 Estilo de tango mais "malandro", vagabundo, mundano. [N. do T.]

quando as ocidentalizam, eles nunca as mandariam. E ainda hoje é um problema educacional. Quando se educa uma criança de periferia e na escola lhe dizem "não se fala assim", ao chegar em casa, ela vai corrigir o pai. Há um drama nessas relações. Mas é um drama interessante. Quando comecei a trabalhar em uma escola, aos dezessete anos, tinha uma turma que ia mal, com crianças terríveis. Eu dava aulas de vocabulário. Tinha que ensinar para eles "antepassado", por exemplo. Eles escreviam: "eu tenho uma pipa antepassada". As intenções poéticas também conspiram contra um conto. Em poesia, havia uma época em que se usava o termo "vertical" para definir certa geografia. Também se dizia: "quanta geografia deslumbrava nossos olhos".

Um exemplo de Fray Mocho que define o personagem e comprova que ele o observou e o escutou bem é:

> Vea, señor comisario, yo venía a verlo pa un asunto que tal vez no sea de cosa' e justicia ¿sabe?... pero qu'es de humanidá y así le dije a mi sobrina Paulita, la mujer de don Chicho, ese almacenero italiano qu' está aquí a la vuelta e la cuadra... "No, m' hijita... yo me vi' a ver ese comisario, que ha' e ser cristiano a'nque sea' e las provincias y recién haiga venido a la sesión"; y aquí me tiene, señor, que vengo a tráirle una consulta, sin conocerlo, confiada no más qu'en su buen corazón...[8]

---

8 Tradução: "Vê só, sinhô comissário, eu vim te vê prum assunto que talvez não seja de coisa e justiça, sabe?... mas quié de humanidade e falei isso pra minha sobrinha Paulita, a mulher de dom Chicho, o italiano dono do armazém que tá aqui do lado no quarteirão... 'Não, minha fia... eu vim vê esse comissário, que deve de ser cristão, memo sen'das província e acabado de chegar na repartição'; e tô aqui, sinhô, venho trazê u'a consulta, sem te conhecer, confiano só no bom coração do sinhô..." [N. do T.]

O idioma do campo é bastante revelador de um modo de vida e de uma visão diferente do mundo. Um camponês me falou de outro que caiu do cavalo, referindo-se ao céu estrelado: "*se quedó mirando las astronomias*" [ficou olhando as astronomias]. Também se diz sobre algo extenso: "*es largo como amor de sonso*" [é longo como o amor de um sonso]. Para definir uma pessoa complicada dizem: "*da más vueltas que perro para sentarse*" [dá mais volta que cachorro quando vai sentar]. Ou o que me disse uma vez um camponês que gostava muito de seu cavalo: "*si uno lo mira de frente, hasta parece um cristiano*" [quando alguém o olha de frente, até parece um cristão]. O contexto oferece uma marca da linguagem.

Juan José Morosoli foi um grande conhecedor das pessoas do campo e de seu modo de falar. Tinha grande capacidade de se vincular com as pessoas. Ele escreve apenas uma pequena parcela de tudo o que sabe, e reconhece que o idioma do campo é precário. Dizia "filhos são das mulheres". Sobre um gaúcho falecido, o jovem bem montado diz "não estava longe de ser meu pai". E, como a senhora do povoado de Diamante, seu personagem Umpiérrez, depois de trabalhar o dia inteiro no forno de tijolos, preparava um chimarrão e "se sentava de frente para a noite, fumando".

No romance *Zama*, o mais importante é a linguagem. Antonio Di Benedetto mergulha em seu personagem e cria uma linguagem neutra, que não é a linguagem histórica de um romance histórico, mas sim atual, embora nos transporte para outra época, a 1790. E com Diego de Zama – personagem mulherengo como o autor –, Di Benedetto dá livre curso a seus desejos, enquanto descreve a espera até o trocarem de posto. O personagem principal se sente ancorado a um destino, embora esteja convencido de que merece outra coisa. Esse é um sentimento muito atual, algo que continua acontecendo. Sobre as ordens da Espanha, diz: "chegavam longe e tarde". Descreve um quarto como sendo: "escuro e úmido, entulhado de móveis miseráveis"; "cutiladas" são golpes de sabre; a algibeira (porta-níquel) "tinha má fama, por ser desnutrida, não por ser fechada". Di Benedetto é consciente de que em lugares subdesenvolvidos as pessoas se deterioram mais e descreve um personagem como uma "figura maltratada pelos anos, pela doença ou pelo vício".

Isidoro Blaisten também fez alguns achados linguísticos, e em seus contos de *Anticonferencias* [Anticonferências] brincava com o nome dos pontos comerciais, com as marcas, trabalhando com o contraste. Blaisten conta:

> quando criança, fiquei intrigado com uma propaganda publicada na contracapa da revista *Chabela*, que era uma revista que minhas irmãs compravam; o slogan dizia "*sabe a gloria*" [tem sabor de glória]. Eu ficava olhando a menina que mordia a salsicha, olhava a legenda e não conseguia entender. Confundia o sabor com o saber. Depois compreendi que entre as duas coisas está a lembrança.

Há palavras no repertório de outras pessoas das quais não gosto, não me tocam ou não ressoam em mim. "Finissecular" ou "rizoma" são palavras que eu nunca usaria; menos ainda "incontornável". "*La gota de agua horada la roca...*" [A gota de água perfurava a rocha], aprendíamos na escola. Que linguagem exagerada, ninguém falaria assim. Outro exemplo: "bruma" é uma palavra incomum, "borbulha de bruma"; "fácil de chorar" é "chorão". Em vez de "médico" dizem "velho galeno". Em Buenos Aires não se diz "*te regalaré*" [te presentearei], mas se usa a paráfrase "*te voy a regalar*" [vou te dar um presente]. A linguagem é o que é, tenho que me valer dela para escrever. Todos temos um repertório próprio de palavras, mas, ao mesmo tempo, como faço para não ficar absorto em certas palavras, as palavras que me fascinam? Não podemos nos deixar levar, elas são areias movediças, devemos evitar nos agarrar às palavras.

Além da linguagem, há a pontuação, que é a respiração do texto. As pessoas que pontuam com frases muito curtas não comunicam bem, são como os pássaros, que dão passos curtinhos. Um texto com frases curtas é mais trabalhoso para o leitor, porque não há um sujeito por trás; falta um narrador que teça minimamente o texto. Reparei que, de acordo com a profissão de quem escreve, a narração é diferente. Os de letras narram longamente, os psicólogos narram psicologicamente. Eu, em certa época, acostumada a dar aulas de filosofia, usava muito parênteses ou dois pontos, que são explicações.

Na minha família havia bascos e italianos. Quando uma vez ou outra a família se reunia, meu tio Domingo, o basco, trazia um quilo de docinhos; ficava duas horas sentado e não falava. "Sim, sim", respondia. Os italianos eram muito mais eloquentes que os bascos, que eram mais comedidos. Os italianos pensam que as palavras são de graça. O que é estranho porque, por um lado, eles atribuem à palavra um valor importantíssimo e, por outro, não a levam tão a sério. Em nosso país, com tantas etnias e origens diferentes, cada família é distinta, sendo diferente o valor que damos à palavra. Isso é muito interessante.

6
O "mas", a fissura e o conto

"Todo conto tem um *mas*."
HEBE UHART

A tragédia é a matriz do conto. A contradição, o conflito, as hesitações e o "mas". O "mas" me abre o conto. Os "teria" ou "tivesse" não servem para escrever. A conexão com o presente. A única coisa que somos é tempo. O pensamento mágico. Atitudes que restringem o desejo. Funcionalizar o "eu". Desclassamento. As fissuras. As conquistas não são comunicantes. As pessoas entram pelas fissuras.

Desde a tragédia grega, todo conto se inicia com um "mas". A tragédia é a matriz do conto. Em todo herói há uma contradição, um conflito. Prometeu era amigo dos homens e o ladrão do fogo que provocou a ira de Zeus, que ao final o perdoa, não por justiça, mas por orgulho. Ajax, o grande guerreiro, recebe a oferta de ajuda dos deuses, mas responde: "assim qualquer um vence, vou fazer isso sozinho", com a consequência de que a onipotência se castiga com a loucura. Quando o personagem se torna plano, a narrativa também se torna plana. Se não houver um "mas", não há conto, não há literatura. A literatura se baseia nas contradições, as contradições surgem das hesitações, e as hesitações das distâncias que foram tomadas muito tempo atrás.

No *Caderno de notas*, de Anton Tchékhov, quase metade das anotações têm um "mas": "ela é malvada, mas ensina os filhos a praticar o bem", "quanto ressentimento nos causa a ideia de roubar o dinheiro de nosso pai, mas pegá-lo da caixa... é perfeitamente possível" ou "muito em breve a propriedade será leiloada, a pobreza de cada canto salta aos olhos, mas os lacaios continuam vestidos como bufões". Felisberto Hernández diz sobre sua personagem Úrsula: "era calada como uma vaca, mas eu gostava que fosse assim". Nesse começo há um "mas" implícito que provoca interesse na leitura, queremos saber por que ele gostava que ela fosse assim, além disso, o leitor sente empatia pelo personagem e por quem escreve. Fray Mocho dizia: "é um vagabundo, mas limpo", o "mas" é o que vai construir o personagem, mesmo que se trate dos "mas" mais vulgares: é gordo, mas ágil; é rico, mas simples; é pobre, mas honrado; é estadunidense, mas bacana; e assim por diante. O acento de nossa língua é colocado no sujeito, na substância da frase. Não é a mesma coisa dizer "é ladrão, mas simpático" e "é simpático, mas ladrão". Quando disponho ideias contrapostas, crio um mistério, algo enigmático que preciso revelar. Se o adjetivo me define, ele me limita, já o "mas", pelo contrário, abre o conto para mim. Há um mistério, uma incógnita que vou cercando.

Tenho uma vizinha de quem só sei o que vejo: uma senhora velha que parece uma mocinha, pela maneira como se veste. Mas, de repente, eu a encontro no corredor e ela me diz: "sempre rezo por você". Aí entra um "mas" que não combina com a imagem superficial que eu tinha dela. Em seguida, começa o trabalho de imaginação: como reza?, se ajoelha na frente da cama ou reza enquanto cozinha?, como cozinha? Em meu texto, tenho que evitar deixá-la ridícula, porque se fizer isso não consigo mergulhar no personagem e não vou criar a empatia necessária. Então imagino que ao cozinhar ela tem que se enganar, usar um tempero em vez de outro. Mas ela não deve se importar. Continua cozinhando e reza por mim.

Os "teria" ou "tivesse" não servem para escrever. Nietzsche era contra a lamentação, o arrependimento ou a busca de sonhos impossíveis. Dizia que a vida era um eterno presente. Para ele, "observou mal a vida aquele que não percebeu que quem mata usa luva de seda". Quando alguém escreve: "o que teria acontecido se..." ou "se eu fosse...", é apenas uma negação do presente. Quando a fantasia predomina, estou fugindo da realidade.

Da mesma maneira que para escrever não é o fato em si que importa, mas a repercussão do fato em mim, o que importa não é o que a vida me dá, mas o que eu faço com isso. Eu me construo, assim como me questiono sobre o fato de escrever. Sem correr risco, sem desafio, não posso escrever.

Para escrever é necessário ócio, mas em nossa sociedade o ócio é visto como algo nefasto. Algumas pessoas jogam baralho "para matar o tempo", mas a única coisa que somos, como dizia Schopenhauer, é tempo. Coisificamos o tempo como se ele estivesse fora de nós. A conexão com o presente, estar em sintonia com o mundo exterior, é importante. Se não posso escrever, tenho que suportar, até que chegue um momento melhor. A decisão não é abstrata, ela tem um substrato vital que é o desejo. Mas o que é o desejo? O mais difícil é encontrar o próprio desejo, embora todo raciocínio ou abstração em que me empenho seja o desejo de fazer algo. Quando alguém se encontra em um estado que se prolonga, quando espera por algo externo e fica em suspenso, perde o sentido da vida. A procrastinação, então, contamina tudo, contaminando a própria vida.

O desejo é claro para as crianças: elas são presente e são desejo, vivem no agora. O que para os adultos é metafórico, para as crianças é literal. As crianças criam coisas e querem ver o resultado rapidamente; o escritor não deve cair nesse pensamento mágico, o interesse deve ser concentrado no processo. Um desejo não elaborado em uma criança vira pirraça. No adulto, o desejo vai diminuindo com o tempo, há menos urgências: você vai se desapaixonando. Nietzsche dizia que, quando se anula a manifestação do desejo, finalmente se anula o desejo.

A lógica adulta costuma encobrir bastante nossos desejos. Repetimos para nós mesmos com muita frequência: "tenho que fazer tal coisa", "tenho que escrever um romance"... Somos uma eterna máquina de opinar e de contestar, passamos a vida contestando tudo, pensando no que está bom e no que está ruim. Todas essas atitudes restringem o desejo, o simples prazer de fazer algo – por exemplo, escrever –, quando, na verdade, é possível fazer qualquer coisa a qualquer momento. Aqueles que sentem prazer pedem desculpas, as pessoas se desculpam por desejar. Digo a mim mesma: "escolhi, dentro do possível, o melhor que pude"; e o melhor para cada pessoa é algo totalmente diferente.

A indiferença é a incapacidade de valorizar, e, se não tenho uma escala de valores, tanto faz escrever um conto ou matar uma barata. Estar em suspenso é não querer mudar a situação na qual me encontro, mas uma mudança necessita de esforço, porque sempre há resistências. Então é eficaz a colonização do meu tempo e do meu "eu". Quando procuro um pretexto para encontrar um amigo, quando faço três coisas ao mesmo tempo ou anulo a vontade de "perder tempo", ou quando não sei se faço uma coisa ou outra, é porque estou funcionalizando meu "eu".

Uma ponta mínima de desclassamento me permite uma visão mais ampla, de cima a baixo, uma visão de abertura para ser capaz de ver as coisas de outro ponto de vista. Para escrever, preciso ser capaz de ver as coisas não apenas com os olhos que herdei de minha família ou classe social. A mesma coisa tem um significado diferente de acordo com a classe de origem da pessoa que vê. Se alguém vive sempre numa mesma classe e nunca sai dela, tem apenas hábitos de classe e perde a riqueza de olhar as coisas de ângulos distintos, o que dá solvência na hora de escrever. É preciso tentar pensar um pouco "de qualquer jeito", pensar misturado.

Em uma festa indígena em Salta, para a qual fui convidada, eu disse uma frase estúpida ao me referir ao modo pitoresco de as *coyitas*[9] dançarem ao ritmo da música. Um senhor saltenho que estava por ali, e que era o diretor de uma escola, me disse: "e... se aquecem". Era inverno e o frio do norte era implacável, estava tudo congelado; eu com meu casaco e meias de lã não conseguia imaginar o frio que as *coyas* poderiam estar sentindo com seus trajes feitos de papel. Desclassar-me um pouco, me oferecer a possibilidade de certa extravagância nas coisas, me obriga a escrever. Dedicar-se somente a isso, escrever sem ver a perspectiva de outra classe, distancia da realidade. O desclassamento tem a ver com nossas fissuras, algo deve ter acontecido em nossa vida, caso contrário, somos um ser monolítico e então a escrita se torna difícil e entediante. Uma psicóloga que frequentei há algum tempo me dizia: "Você não pode ser um pouco mais burguesinha?"

As conquistas não são comunicantes porque as pessoas entram pela fissura. Porém, para assumir as próprias fissuras é pre-

---

9   *Coyas*, cujo diminutivo é *coyitas*, refere-se ao conjunto de povos indígenas andinos oriundos das províncias do norte da Argentina, especialmente Salta e Jujuy. [N. do T.]

59

ciso ser forte. É importante distanciar-se da atitude juvenil: quando alguém tem vinte anos, acredita que todo mundo lhe deve algo.

O conto é algo que aconteceu, um mistério que vou cercando a partir de um "mas". O conto é um transcorrer. Quando alguém fala do que normalmente se guarda, não há caminho ou retorno. Para escrever, tenho que listar itens, fazer pequenos quadros; fico ali e mais tarde escrevo algo mais longo. É preciso ir e voltar, isso serve tanto para a literatura como para a vida.

7
De onde surge um conto

"O conto é uma plantinha que nasce."
FELISBERTO HERNÁNDEZ

A literatura é feita de detalhes. Lançar-se para fora. Entrar em um texto e sair dele. O que vem antes deve ficar sedimentado. Quando alguém persevera, colhe os frutos. Um conto pode surgir de uma imagem. Ideias abstratas versus seres concretos ou detalhes. Ir além da aparência. Como se sente o personagem. Uma lição de Clarice Lispector. Ir ao particular. Um conto pode surgir de um acontecimento passado. Quando uma lembrança se impõe. Um conto pode surgir de outro conto ou de algo que me contam. As pessoas se estendem muito ao contar algo. Um conto pode surgir de um mito ou de um ditado. Um conto pode surgir de uma palavra, de uma frase ou do modo como alguém se expressa. A surpresa ao escrever. A busca pelo extraordinário ou pelo exótico. Focar em uma coisa. Não platonizar os temas. Os finais são difíceis.

O iniciante, ou o escritor, que "se acha" não costuma se envolver com os detalhes, porque essas minúcias não são para ele. Mas a literatura é feita justamente de detalhes. Quem escreve deve lançar-se para fora, ver o que lhe interessa e depois trabalhar nisso. É possível entrar em um texto e sair dele, mas o que vem antes deve ficar sedimentado. E, quando alguém persevera, colhe os frutos. A maioria dos erros cometidos por quem está começando a escrever é causada por impaciência, por querer terminar logo, por não se deter nos detalhes.

Um conto pode surgir de uma imagem. Eu, em geral, parto daí, de uma imagem, e não de uma ideia abstrata, não gosto de contos ou romances de ideias. Assim, não me limito e olho bastante para que a luz do objeto observado apareça. Nossa atenção é fragmentária, generalizadora e enclausurante. Imediatamente colocamos epítetos no que observamos em nossa vida cotidiana. Digo: "tal pessoa é inconveniente", quando na verdade é conveniente me colocar em uma posição segura para criticar o outro. "Esse aí é uma figura", como é comum escutar os jovens dizerem, consiste em um clichê, mas o interessante é saber que tipo de figura é essa pessoa que observo. Tenho que ir além da aparência.

Há uma crônica belíssima de Clarice Lispector[10] que lança luz sobre um personagem, uma professora muito tímida que foi convidada para uma festa. A mulher sentia fobia de pessoas e festas e fez um exercício de contrafobia: se encheu de maquiagem, se vestiu de um colorido gritante e assim, disfarçada, entrou na festa. Fez isso para não se sentir nua entre as pessoas, nem de cara nem de corpo: "A máscara a incomodava, ela sabia ainda por cima que era mais bonita sem pintura. Mas sem pintura seria a nudez da alma." Esse é um objetivo que na escrita ultrapassa o epíteto, o adjetivo. Habitualmente diríamos que ela

---

10 Trecho da crônica "A bravata", presente em *A descoberta do mundo* e incluída no romance *Uma aprendizagem ou o livro dos prazeres*. [N. do T.]

se vestiu de modo exagerado, mas se escrevemos assim não nos questionamos sobre como a personagem se sente. Essa é uma lição que Clarice Lispector nos dá de como é possível enxergar além das aparências para não se restringir a termos que são limitantes: "velha louca", "figura", "inconveniente", adjetivos que a enquadrariam sem chegar a defini-la. O mais importante para escrever é a atenção, estar muito atento no que faz e como se comporta meu personagem. Se eu presto atenção nisso, estou fazendo literatura.

Um aluno da oficina escreveu sobre o avô: "eu o vejo podando a cerca". Essa é uma visão idealizada e sentimental desse avô e o apego é inútil para escrever. Como, de que maneira o avô podava a cerca? "Minha mãe amassava o pão de cada dia" é outra generalização, há milhares de mães que já amassaram pão, mas de que forma?, que cheiros eu podia perceber a cada dia?, de que maneira específica minha mãe amassava o pão? Sempre devo ir ao específico para escrever.

Um conto pode surgir de um acontecimento passado, da memória. É preferível que a lembrança se imponha a mim, e não que eu a busque voluntariamente e comece a evocá-la. Santo Agostinho dizia: "quando invoco as lembranças, elas vêm aos montes".

Quando eu era criança e estudei o Teorema de Pitágoras, por exemplo, tive uma sensação muito intensa de futuro. Não posso, agora, aqui, abarcar todo esse tempo passado, mas sim essa sensação. Então me desprendo de meu estado emocional e me situo friamente naquela idade. É muito importante eu me situar naquela idade e não me mover dali, não ter opiniões de erudita quando, na verdade, a personagem é uma menina de doze anos. Devo evitar me comover com minha própria infância ou adolescência porque, caso me comova, vou escrever bobagens. Pensar em épocas bonitas, agradáveis, passadas, é uma abstração mentirosa. Se estou na infância, me situo nessa idade e apenas nessa idade, seis, oito ou doze anos. E dali não saio.

Um conto pode surgir de outro conto ou de algo que me contam. As pessoas se estendem muito ao contar algo. Eu sou paciente, escuto, pesco alguma frase que me remete a essa pessoa que conta. Estou atenta à forma da linguagem, a como essa pessoa se expressa. Então tiro a frase do contexto: "uma iguana com problemas de atitude", "um burro que não quer cooperar", "me assustei muito demais", observo como falam as diferentes classes. Não se trata unicamente de uma linguagem, mas de uma forma de viver a vida.

Cassandra detinha o dom da vidência, mas não detinha o dom da persuasão. Assistia resignada ao que os outros faziam e sofriam. Apolo, o Deus da beleza, ataca de longe, a distância. São mitos inspiradores para outras histórias da atualidade e podemos tomá-los como guias de trabalho.

Como acompanhar essa imagem, essa lembrança, o que me contam, um ditado, uma palavra que escuto ou recordo? Felisberto Hernández dizia que um conto é uma plantinha que nasce. O que tenho que fazer depois com meu interesse por um tema é defendê-lo e acompanhá-lo, guiá-lo. Eu devo defender minha inclinação, meu desejo. Deixo meu material me conduzir, sigo a mim mesmo. Às vezes as pessoas não defendem a própria inclinação porque acham que não é objeto de literatura, que se trata de bobagens, que não é material literário.

O ofício de escrever é semelhante ao da vida. Tenho que me dar tempo, esperar, reconhecer quando um conto é para mim e quando não é. Cada um tem que saber onde o sapato aperta. O trabalho do escritor não é tanto escrever, mas todo o processo de concepção prévio. Se escrevo pela manhã ou à tarde, isso não importa tanto. Se estou com preguiça e deixo para amanhã, é inútil. Fazer menos do que sou capaz me dá uma imagem menor de mim mesma. Isso serve para qualquer trabalho que se faça. Eu, por exemplo, gosto mais quando sou diligente, quando não me acomodo.

Para escrever, deve haver surpresa. O que faço deve parecer espontâneo. A espontaneidade não está em conflito com o trabalho prévio. A busca pelo extraordinário ou pelo exótico também atenta contra a escrita. Quando há muito colorido, muita paisagem repleta de exotismo, esse contexto conspira contra o mistério. Devo esperar que aquela planície fale comigo, para que, em meio a tanta confusão, não seja perdida a conexão com o panorama que me interessa ou que me chamou a atenção.

Quem escreve deve focar em uma coisa. Há quem escreva sobre a pobreza como se isso fosse uma novidade absoluta. Mas a pobreza não é um tema abstrato, a pobreza tem detalhes, tem nuances. O sabão utilizado por uma pessoa pobre, por exemplo, é diferente, é mais gorduroso, tem outro cheiro. O iniciante entoa loas aos antecessores, à platonização dos temas. Em contos assim não há "mas" nem fissuras. E a fissura é o caminho que me permite chegar à outra pessoa.

Os finais, como as despedidas, são difíceis. O fim é a coisa mais importante, tanto na escrita como na vida. Às vezes eu conheço o fim, às vezes não. De modo geral, ele é encontrado ao pensar, ao trabalhar em outra coisa, ou surge enquanto estamos escrevendo. É importante trabalhar bem o fim porque só sabemos que a história terminou, que o conto está acabado, quando temos um fim. Um fim perfeito é o de Juan José Morosoli: "e se sentiu mais sozinho do que quando estava sozinho e não sabia".

8
O adjetivo e a metáfora

"Uma dificuldade é um sol."

SIMONE WEIL

O adjetivo fecha. O adjetivo não define a pessoa. Olhar bastante. A adjetivação em Bryce Echenique. Cronópios e famas. A metáfora abre. Personificação em Felisberto Hernández. Escrever é sugerir, não explicitar. Não ficar absorto nas palavras. Não se deter em um conceito. Desconfiar das frases feitas, dos lugares-comuns e dos conceitos acabados.

O adjetivo é um substantivo definido que define e fecha. Felisberto Hernández dizia: "eu não me conceituo, me deixo conceituar". Sobre uma personagem feminina escreveu: "tinha um jeito de ser loira". Se alguém me diz que era loira não diz nada, porque há mil maneiras de ser loira, o cabelo é diferente em cada pessoa, tem loiros bem cuidados e outros desgrenhados, tem cabelos que são como palha e outros suaves como pelúcia, de cor amarelo-patinho ou loira Kodak, o cabelo não é apenas uma cor, mas uma textura, e tem forma. É a mesma coisa quando se é tímido, bonito, insuportável ou acomodado. Há muitas formas de ser tímido, bonito, insuportável ou acomodado. O adjetivo não define a pessoa.

Borges achava que um adjetivo bem utilizado era um acerto, e Simone Weil dizia que "uma dificuldade é um sol". Se tenho que adjetivar, vou buscar o adjetivo exato sem escrever fácil ou cair em lugares-comuns. Borges adjetiva, mas ele não trabalhava com seres humanos, e sim com conceitos, que é algo totalmente diferente. Quando usamos adjetivos fáceis, deixamos de ser ativos na construção do personagem. Não devemos fechar com tanta facilidade. Para escrever, é preciso olhar bastante para que a luz do objeto observado apareça.

Um escritor que sabe adjetivar é Alfredo Bryce Echenique. Bryce escreve: "meu antepassado que vice-reinou no Peru", ou "leve de bagagem, pesado de ilusões", ou "sempre foi um ingênuo ativo". No conto da paraguaia totalmente nua que lhe abre as portas em Paris, diz: "uma garota me atendeu com um sorriso que também era um bocejo", e mais adiante: "tinha uma boca grande e atrevidamente sensual, sorria de orelha a orelha, mas, quanto mais alguém se detinha, percebia que no fundo era com os seios que ela sorria". Sobre os catalães, diz: "são menos catalães do que parecem", e de um cantor: "era tão brasileiro quanto louco"; chamava um bosque de "prostituto" e, para definir o sótão pobre onde morava, escreve: "subi só até minha alta miséria". Um personagem "se encheu bebadamente" e em uma casa havia "uma piscina muito Esther Williams".

Em suas *Histórias de cronópios e de famas*, Cortázar faz uma caracterologia, divide as pessoas segundo o caráter e se vale disso para definir seus personagens. Os cronópios veem o que querem ver, os famas são mais estáveis e tiram partido da experiência; as esperanças são inclassificáveis, como essas pessoas que te deixam viver. O cronópio utiliza uma linguagem próxima, diz: "mamãezinha linda". O fama é mais distante. Para marido, é melhor um fama; para amante, um cronópio. Os cronópios se casam sempre com famas para equilibrar, porque, caso contrário, seria uma sociedade anônima. As pessoas dizem: "minha amiga é o mais cronópio que existe". Os cronópios são desmedidos e organizam planos impossíveis de cumprir. Uma vizinha minha queria ser fama: ia de branco ao teatro Colón. A vida cotidiana é toda dispersa e é preciso se concentrar para escutar bem o que diz o personagem, fazer uma seleção entre o que ouvimos e o que vemos: algo vai me chamar mais a atenção. Quando as pessoas falam de coisas muito abstratas, eu preciso estar aterrada.

Para não fechar, para não adjetivar sem definir o personagem, recorre-se à metáfora. A metáfora é uma comparação, um ir mais além. Para Felisberto, alguns olhos celestes são "dois globos terrestres", com "córneas de tirinhas marrons como fiozinhos de tabaco". Essas comparações têm como função unir o universo por partes diferentes. Também escreve sobre um personagem acomodado: "quer a paz perfeita, se submete por comodidade", e sobre uma mulher que "guarda rancores insensatos". A metáfora me obriga a fazer um esforço mental para chegar a esse personagem de outra maneira, é um salto sobre a linguagem comum, um exercício de valentia que requer atenção extrema ao personagem. A metáfora me dá o tom do corpo e me abre o universo de um autor.

Hernández anima os objetos: "as taças estavam contentes por se encontrarem de novo", forma um conjunto de objetos e os anima. Ele se dissocia de seus olhos quando escreve: "me peguei olhando com ódio uma casa nova. Achei que não devia permitir que meus olhos conhecessem ou guardassem ódio". Ele personifica tudo, o que fazer com as lembranças tolas?, se pergunta. O mesmo acontece com as pessoas tolas: "vou recebê-las e dar guarida para as lembranças tolas"; dá lugar a elas, faz uma escolha drástica. Em vez de dizer que um jardim é desordenado, diz: "nesse jardim, as plantas não se davam bem". Sobre si mesmo, diz: "agora serei sábio e terei uma vaidade lenta".

As crianças não admitem contradições: ser culto e louco, por exemplo, elas não aceitam, porque, quando se é culto, não se pode ser louco. Uma mulher tem que ser linda e bondosa. Uma louca tem plantas loucas, e não um jardim ordenado ou normal, como o de qualquer vizinho.

Para Felisberto, cada pessoa se concentra em uma parte do próprio corpo, como Úrsula em sua gordura transbordante: "como os bairros que crescem nos subúrbios das cidades". É nessa parte que ele escolhe expor seu personagem, onde seu olhar se detém. Ele não fecha com um adjetivo e nunca é categórico demais.

Ao escrever não se deve dar muita informação, é preciso aludir, sugerir, não explicitar. É preciso adentrar na escrita, não dar mostras do que posso ou sou capaz de fazer e pronto. Trata-se de entrar mais no sujeito que pensa, sente, faz, sem medo de parecer sentimental ou ridículo. Se não ficar bom, depois corta.

Não devemos ficar absortos nas palavras, nem nos adjetivos redundantes, tampouco nas frases importantes. Ao escrever, não devemos nos deter em um conceito, é preciso se deter alguns passos antes do conceito, um pouco antes, sem chegar nele. É preciso se dar tempo e não fechar. Ali, naquele lugar antes do conceito, está a literatura, o que nos faz ver, o que abre janelas. Ali, e não numa frase concluída, inteligente, pedante. É preciso desconfiar das frases feitas, dos lugares-comuns e dos conceitos acabados.

9
Construção de personagens

Fazer uma imagem dos personagens. Escrever a frio. Dosar uma parte do todo. Hierarquizar é escolher, escolher é descartar, definir é se frustrar. Como os personagens falam. O juízo ético como obstáculo. Perdoar e se perdoar. Superar o senso de ridículo. Como Stevenson construía personagens. O adolescente de Kafka. Como se move, como fala um personagem. O que diz e o que não diz. O que diz sem convicção. O "eu" impessoal. Compreender é perdoar. O humor é a capacidade de perdoar. O "eu" fictício. Caracteres de Teofrasto. O monólogo. O homem comum de Erskine Caldwell. Personagens em ação ou romances de ideias. Personagens contraditórios. Observar com equanimidade. Um personagem em seu contexto. O nome dos personagens.

Para que o leitor perceba os personagens, eu própria devo fazer uma imagem deles. Ivan Turguêniev dizia que nunca havia começado uma narrativa sem ter uma imagem clara de seus personagens. É por isso que seus personagens existem, têm vida. Também Anton Tchékhov trabalhava "a frio": assim que a ideia e a caracterização de seus personagens estavam suficientemente claras em sua mente, ele se sentava para escrever e o texto saía de uma vez. Ernest Hemingway, por exemplo, é um experimentador: para escrever ele se torna um toureiro ou pescador.

Eu não sou uma experimentadora, sou uma pessoa que observa. Eu mesma não experimento no sentido de introduzir novidades. As mudanças importantes são conscientes. Por isso corrijo pouco. O que não serve, eu tiro. Sigo o conselho de Mikhail Tchékhov, o ator, no qual acredito absolutamente: deixar de lado o conteúdo do que o personagem diz para prestar atenção em como ele diz, olhar o personagem para ver como ele se move, como caminha, como se cala etc. O que alguém diz, em matéria de juízos de valor, ideológicos, entra no circuito de sua classe social, grupos de pertencimento. Todos nós escutamos mais ou menos as mesmas rádios, lemos os mesmos jornais, portanto, na maioria das vezes, nossos comentários, que pretendem ser muito pessoais, não são. Para mim, interessa a especificidade das pessoas. Para poder captar algo, tenho que me distanciar um pouco, porque não acredito que essa seja necessariamente a atitude geral da literatura. Para escrever, tenho que aprender a dosar uma parte do todo, porque nem tudo é interessante, de vez em quando a gente introduz algo que nos chama a atenção. Quando tudo é interessante, escrever se torna uma tarefa muito pedante. Hierarquizar é escolher, escolher é descartar, definir é se frustrar.

O leitor não pode dar conta dos detalhes que só interessam a quem escreve. Morosoli conhecia muito seus personagens camponeses, mas não escrevia tudo; se tivesse feito isso, teria escrito um ensaio. Existe algo que chama minha atenção em uma pessoa, um animal, um lugar (um lugar que pode ser o personagem de meu texto), pode ser um detalhe, um modo de falar, uma expressão ou uma frase recorrente. O que o personagem diz deve ser algo próprio do personagem, porque destaca sua forma. Mikhail Tchékhov dizia: "Reparem nos gestos, no caminhar das pessoas, na expressividade com que falam de sua vontade ou de sua falta de vontade. Escutem como as pessoas dizem palavras convincentes com tão pouca convicção. A palavra das pessoas tem sentido e som. Escutem o sentido, e não conhecerão as pessoas. Escutem o som, e conhecerão as pessoas".

    Tchékhov se interessa pelo "como". No discurso do apaixonado, ele observa os sinais corporais, como e com que veemência dizem as coisas. Isso revela um estado especial que vai caracterizar o personagem que eu escolher. Tchékhov tinha uma técnica para acessar o que só é próprio de determinado personagem: "retiro o conteúdo racional da pessoa que fala e já não escuto o que ela diz, mas como diz. Assim, muito rapidamente se manifesta a sinceridade ou a falta de sinceridade de seu discurso [...] com frequência, o fim não coincide com o sentido das palavras pronunciadas." Não tenho motivo para ser sempre consciente do porquê de um detalhe ou uma característica me chamar a atenção no personagem. É a mesma coisa que se apaixonar: alguém se envolve com o personagem e não se pergunta por quê. Depois de um tempo, sim, e é aí que surge o processo de elaboração.

    Eu não posso escrever com antipatias, nem me interessa desenvolver ideias. Me interessa mais saber como se move, como falam os personagens, de que modo específico e com que tom dizem uma coisa. O que as pessoas pensam é muito relativo. Não há grandes verdades em matéria de ideias; em geral, ou não temos muitas ideias, ou o que dizemos é bastante circular e repetitivo.

    Gosto dos paraguaios porque eles são entusiastas, gosto da vitalidade, do otimismo e da linguagem deles. De modo geral, não são depressivos, nem melancólicos. Eles têm uma atitude compassiva que os argentinos não têm, e é algo que admiro, com que simpatizo muito. Uma vez fui visitar a casa de um grande poeta paraguaio, um senhor já idoso. Todas as janelas da sala estavam abertas, estava um pouco frio porque era inverno e ventava muito. Quando lhe perguntei o porquê disso, ele me explicou que a empregada tinha o hábito de abrir as janelas todas as manhãs. Percebi que ele também sentia um pouco de frio. E, quando eu, argentina, estava a ponto de reclamar, ele disse com muita simplicidade: "é porque são nômades". Essa capacidade de se colocar no lugar do outro, de perdoar, me parece admirável.

Um obstáculo para construir um personagem é o juízo ético. É preciso olhar o personagem com simpatia, perdoá-lo, se perdoar e não o julgar. Tentar objetivar. É um processo, como quando a paixão acaba: se me faço de vítima, não consigo ter a distância necessária para me observar. Quando me observo, surge algo novo, uma informação de como eu sou. Sobretudo para compor personagens de outros níveis sociais, devo superar o juízo ético, me separar das minhas convicções. Se vou escolher um personagem de outro estrato social, devo acompanhá-lo ou observá-lo e ver quais opiniões ele emite. Não devo, nesse caso, contestar seu sistema de valores nem me situar em um nível superior, o que me distanciaria da minha própria escolha do personagem. Para descrevê-lo, preciso manter como narrador um humor estável. Se o personagem me entedia, é porque eu me entedio comigo mesma. Devo aprender a não "ficar de saco cheio de mim mesma".

Quando alguém é o próprio personagem, deve tentar superar o senso de ridículo. O impulso inicial para descrever o personagem parte de mim, mas convém ter uma imagem prévia. Se vou descrever uma festa, uma briga de casal, saio do meu lugar e envio um "delegado" meu. Ele vai ser meu personagem, meu "outro eu", a quem dou um nome e construo conforme minhas características e com minha sensibilidade.

Robert Louis Stevenson tinha outra forma de construir personagens. Ele usava as qualidades de um amigo ou conhecido e as transpunha em outro que estava distante. Esse é um caminho mais difícil, mas também possível. Para isso, é preciso ter muito conhecimento de outro meio e outra época, de outra situação ou classe social. Italo Svevo, um italiano do início do século XX e amigo de James Joyce, depositava nos personagens seus próprios sentimentos.

Podemos imaginar o que nossos vizinhos e amigos teriam sido em outra época. O atendente de quem compro cigarros, por exemplo, me dá a sensação de ser um detento parcialmente recuperado. Imagino como minha vizinha age na rua ou como ela cozinha, como seu marido se comporta em casa, que com certeza é muito diferente de como se comporta no corredor ou em uma reunião de condomínio.

Há um personagem de quem gosto muito, foi um amigo que tive, que gostava de polir coisas pequenas. Meu pai gostava de engraxar os sapatos, é outra coisa, esse amigo guardava coisas para consertá-las. Quando trabalhava, nunca se incomodava com os ruídos externos, ele polia os objetos pequenos e, de repente, começava a expor os comunicados mais inverossímeis. Uma vez estávamos na praia, quando ele chegou e me disse: "uma água-viva atacou a buceta de uma senhora", disse sem se incomodar. Permanecia sempre encerrado em si mesmo. Quando guardava algo na geladeira, sempre tirava alguma outra coisa, como uma maneira de manter o equilíbrio.

Há pessoas que dizem: "eu sou assim" ou "este sou eu", e dessa forma reduzem as possibilidades. É possível fazer de tudo, cada um tem seus personagens e deve trabalhar nesse terreno. Uma vizinha do meu prédio acha que tudo está na moda, desde o tarô até o canto gregoriano, há nela uma tensão entre as convenções relacionadas com uma imaginação transbordante. Ela acha que para cada ocasião é preciso se vestir de determinada maneira e cuida para que o conjuntinho combine com as poltronas bege. É como uma bonequinha que se veste e se desveste. Tem a convicção de que é possível ser qualquer coisa em qualquer idade. Aos cinquenta anos ela teve a ideia de que podia ser mãe e ficou dois meses olhando roupinhas de bebê. Quer ascender socialmente, mas não sabe como preparar essa trama de relações necessárias para chegar "ao topo", onde ela acha que deve chegar. Outro dia apareceu e disse: "meu negócio é a acupuntura". Ela tem sempre definições transitórias de si mesma; usa boa roupa, mas seu quarto é o de uma pessoa brega. Se tivesse que usá-la como personagem, eu a colocaria como uma menina do interior que vai viver na cidade.

Kafka vivia muito imerso em si mesmo, quando adolescente se sentia mero corpo, vivia em um mar de meditações, acreditando que as notas da escola não valiam nada. Apesar disso, era obstinado e conseguia o que queria. Ele se olhava no espelho, se achava fraco, feio, mas não tanto, afinal se fosse assim tão feio os outros teriam reagido a seu "aspecto de monstro". Kafka oscilava permanentemente e buscava criar para si mesmo um lugar entre os homens "cujo poder de atração é monstruoso". Tentava namorar, fazia jardinagem, trabalhos manuais, pensava em emigrar para a Palestina; conseguiu uma casa em Praga para conquistar não apenas a solidão, mas também a independência, ambas para ele necessárias a fim de se tornar um homem "maduro e vivo".

Para construir personagens, devo levar em conta a maneira de eles se movimentarem e de falarem, o que dizem e o que não dizem, o que dizem sem convicção e o que escondem. Quando a resposta é o silêncio, observo o que os olhos do personagem fazem quando ele se cala. Quando fala, levo em consideração a maneira como constrói o discurso; se, quando lança uma "verdade", baixa os olhos para que sua insegurança não seja descoberta, ou, quando olha e com os olhos pede perdão, quando seu olhar é desesperado ou ausente, se ele olha de soslaio ou tem o olhar de que algo está errado. Procuramos entender a visão que cada pessoa tem de si mesma, como se veste, como se prepara, como se produz.

Nunca é suficiente a atenção que damos ao personagem. É necessário treino para prestar atenção em um rosto, em uma sensação. Há um compromisso com o personagem. É interessante observar, por exemplo, como a feição das pessoas muda ao longo do dia. Algumas aparecem pela manhã do mesmo modo que aparece o sol. As feições vão mudando de acordo com os acontecimentos e com o tempo. Melville escreve sobre Turkey, um de seus personagens, em *Bartleby, o escrivão*:

> pela manhã, seu rosto tinha um tom levemente rosado, mas depois do meio-dia, seu horário de almoço, ardia como uma grelha cheia de brasas no Natal, e continuava a arder com um declínio gradual até as seis e meia da tarde mais ou menos; depois não se via mais o proprietário do rosto que, alcançando seu auge com o sol, parecia se pôr com ele, para, no dia seguinte, se levantar, culminar em seu auge e declinar com a mesma regularidade e idêntica glória.

Já Bartleby é sempre igual a si mesmo, sua figura é "palidamente asseada, lastimosamente respeitável, incuravelmente desolada", ele sempre está ali, sempre está presente, não se altera, é eternamente igual a si mesmo, é esquizo e não é possível imaginá-lo com paixões. O narrador supõe que ele não tem vida privada e passou a morar no escritório. Quando lhe pedem para realizar algum trabalho, responde: "preferiria não". "Preferiria" é uma palavra vaga que, no entanto, define um caráter irredutível, como muitos personagens do século XIX. Em nossa época, seria difícil construir um personagem assim, porque somos mais mutáveis.

Lucio Mansilla se olha no espelho e se acha bonito, mas diz a si mesmo que lhe falta bom senso, porque se envolve em coisas além de suas capacidades: ele ensina Platão a um analfabeto. Mansilla sabe que isso é algo insensato, mas tem senso de humor; ele se vê agindo dessa maneira e se perdoa. Henry James faz um personagem dizer: "se apenas olhamos de forma adequada, e que não se trata de amar ou odiar, devemos somente tentar compreender. Compreender é perdoar." A capacidade de guardar rancor pertence mais ao escravo do que ao amo. Quando respondo com ira desmedida, me coloco em uma situação de submissão aos fatos.

Como faço, como autor, para me colocar dentro de um conto? Me coloco como ventríloquo em um personagem parecido e não parecido, um "eu" fictício que me dá uma visão mais panorâmica. Henry James se colocava no personagem e dessa maneira era capaz de ver toda a situação, de ter um panorama do enredo.

Erskine Caldwell construía seus personagens com duas ou três frases. Conhecia bem o discurso dos pastores do Sul dos Estados Unidos, que peregrinavam de povoado em povoado com suas verdades da Bíblia. Não pertencia aos círculos literários da época e escrevia com sinceridade e muito próximo das pessoas comuns, no pequeno mundo das aldeias. Trabalhou o monólogo e soube se colocar em seus personagens, nos quais depositou as próprias experiências, embora com uma objetividade que o fazia parecer fora deles. Fala dos negros sem dogmas, mostrando as diferenças e as relações entre brancos e negros com base em fatos, sem estigmatizá-los.

Para construir personagens, é importante observar e saber se observar. Por exemplo, se cozinho ou não cozinho. Quando o faço, sinto que o universo está em ordem. No conto "El cocodrilo" [O crocodilo], Felisberto Hernández diz: "Comecei a chorar como uma forma nova de pulsar o mundo." A sensação de se converter em outra pessoa é um exercício salutar: nos transformamos e vemos de que maneira os outros reagem, me observo e observo os demais. Santiago Roncagliolo escreve pela perspectiva de um gato que espera algo: "Às vezes aparecia alguém novo em casa, mas certamente era algo produzido pelo umbral. No umbral, todos de casa desapareciam durante a manhã e eram reproduzidos à tarde para cuidar dele."

O. Henry tem muita simpatia pelos próprios personagens; Dorothy Parker, ao contrário, é mais distante. Mas os dois têm algo em comum: ambos são compassivos. Aceitam o personagem que passa o ano inteiro economizando para se vestir como dama ou cavalheiro, algo que um autor argentino nunca permitiria, porque somos moralistas e doutrinadores. Enquanto julgamos, O. Henry observa com simpatia, não tem medo da vulgaridade, porque a vulgaridade pode ser potente. Ambos socorrem o personagem sem julgá-lo. Os escritores estadunidenses também se distinguem dos demais porque veem seus personagens em ação, e não atravessando problemas morais internos ou chatices inenarráveis. Eles escrevem romances de personagens em ação, ao contrário dos escritores europeus, que compõem romances de ideias.

É um erro idealizar o personagem, como quando queremos representar os pobres. Idealizar um personagem é afastá-lo, eu o afasto de meu sentimento real. E isso serve para um personagem, para uma pessoa ou para o amor. O que interessa é a ambiguidade. Uma coisa é idealizar; outra é caracterizar. O peruano Luis Loayza cria uma série de perfis de personagens com base em suas características mais específicas. Quando ele descreve o avaro, o que retém dinheiro, poder ou amor, diz: "esse poder é o que mais me agrada, principalmente porque o poder é destruído quando empregado. É como no amor: tem mais domínio sobre a mulher aquele que não se importa com ela; o solitário é melhor amante." O avaro não atualiza o que tem; para ele, é mais interessante a posse do dinheiro como potência, como algo intocado, do que a possibilidade que esse dinheiro lhe daria. Isso tem a ver com a fantasia de eternidade: se conserva para a eternidade, para ser eterno, porque quem não concretiza fantasia um futuro possível. Se não atualizo nada, o tempo não passa. O interessante é que nem todos somos avaros em relação às mesmas coisas. Podemos ser avaros com a própria intimidade e ser generosos com o exterior. O avaro é sempre escravo de uma única coisa.

Teofrasto, que nasceu em 372 a.C. e foi discípulo de Aristóteles, trabalhou os caracteres em diferentes épocas. Ele dizia que o caráter era a marca deixada por um instrumento; hoje, diríamos "tipologia". Naquela época, a vida pública tinha lugar nas ruas e era possível ver de tudo. O interessante é que entre seus caracteres, ele não lista nenhum vício maior (não matar, não roubar etc.); descreve o rústico (hoje, diríamos sem-vergonha ou descarado) como aquele que não leva em consideração a crítica social. Aí também podemos ver os hippies, que para chocar usam calças velhas ou assoam o nariz na túnica, intencionalmente. Sobre o inoportuno, ele afirma que a oportunidade tem relação com a adequação. O inoportuno é aquele que age de modo inadequado, como começar a dançar antes de servirem a bebida. Ele também define o supersticioso, o vaidoso, o covarde, o avaro, o arrogante, que é diferente do vaidoso porque também se permite ser orgulhoso. O vaidoso é aquele que, quando seu cachorro morre, diz: "era de raça". Em Teofrasto é interessante a distinção das nuances, ele distingue o mentiroso do romanceador e do charlatão. O desajeitado é aquele que faz tudo errado; o insatisfeito está descontente com a própria sorte, aquele que sempre tem um "mas", como os que se queixam de que as calçadas estão ruins e veem defeito em tudo. É diferente da insatisfação consigo mesmo; o insatisfeito com os outros se sente assim porque o mundo não é como ele deseja ou imagina. O intrometido quer ser prestativo e faz tudo errado. Há pessoas que acreditam que a palavra gera fatos reais e se autoconvencem de ter razão. O arrogante diz: "não tenho tempo", "não tenho lugar"; é aquele que não permite ser visto ao comer, porque lhe parece a coisa mais animal de uma pessoa. No monólogo, podemos elaborar esses caracteres: "tive sorte com determinada coisa, mas má sorte com outra". Podemos partir de um caráter assim e escrever sobre as coisas mais simples, domésticas, ou sobre um aparelho que não funciona, e assim por diante.

Dorothy Parker compõe uma história sobre uma bobagem, um deslize, sobre o incidente que pode acontecer com um personagem. Ela o faz dizer: "isso teve que acontecer justo comigo"; seus personagens vivem esse percalço com uma sensação de eternidade: uma febre dura anos; uma espera é eterna; uma gestação, interminável. Ela joga com as fantasias e com as recriminações que seus personagens fazem a si mesmos, e para isso utiliza diálogos elusivos e alusivos, nunca usa diálogos diretos. Como minhas tias, que, quando eu vestia uma blusa muito decotada, não me diziam: "sua blusa é muito decotada". Elas diziam: "você não está com pouca roupa?".

É importante saber apresentar os personagens em um lugar ou em uma cena, observar o que acontece com as pessoas e o que elas dizem sobre o que lhes acontece – que são coisas diferentes. Há expressões que as pessoas usam, como: "se comporte como uma filha", "seja um pouco mais madura", "mais respeito porque sou sua mãe". Mas não amadurecemos de modo uniforme nem somos os mesmos sempre. Não ser conveniente, ou ser inconveniente, tem relação com o conceito sociológico sobre "o outro".

Se não sou capaz de observar, se não consigo permanecer nessa sensação a qual me chamou a atenção, é porque não suporto algo ou não me suporto. Isso revela um aspecto meu que não quero ou não posso mostrar. É gerada uma sensação de incômodo da qual quero sair rapidamente. Se um acontecimento me irrita, como quando alguém mente ou trapaceia, não devo me ver no lugar de quem julga e dizer: "que barbaridade!". Para escrever, devo observar com a mesma equanimidade o animal e aquele que golpeia o animal. Se acho que meu "eu" se sente zangado, se fico acusando e defendendo, não posso escrever. Como Tchékhov, que descreve a jovem babá de treze anos, sonolenta e sobrecarregada de trabalho: ela mata o bebê, mas Tchékhov não a julga, ele enxerga o mal que há no mundo com equanimidade e equilíbrio.

Quando escrevo, devo ficar com o que mais me toca e devo mergulhar ao máximo nos personagens, em seus sentimentos. Se estou narrando um lugar, uma viagem, devo focar no que mais me tocou desse lugar. Meu destino é seguir esse rumo. Eu me sinto melhor no campo, mas qual é a coisa de que mais gosto? Qual é a direção a ser seguida quando escolhemos um personagem ou um tema? Temos um número limitado de personagens e devemos saber quais são esses personagens.

Quando começo com um contexto, o personagem fica mais harmônico, mais situado. Situando o personagem, já lhe dou certa realidade aparente. E depois preciso inventar para ele um modo de falar, de se expressar. Elaborar um bom contexto para o personagem significa que a figura me parece situada em determinada dimensão. Uma aluna escreveu sobre a avó: "nunca fechava a porta". Se antes dessa frase eu descrever o quarto, organizar o texto, isso vai me ajudar a ver essa porta que a avó nunca fechava. É preciso se situar em um contexto, organizar os pensamentos de modo que eles fiquem organizados para os outros, é uma gentileza para com o leitor dizer onde estou e onde está meu personagem. Se eu não fizer isso, sobram apenas informações abstratas.

O nome dos personagens, assim como o título dos livros, são importantes para defini-los. Quando encontrei um nome é porque tomei um rumo. O título do conto "Linda Iris, ¿tú me amas?" [Linda Íris, você me ama?], de Germán Castro Caycedo, já diz muito sobre a personagem que ele vai abordar. É necessário tentar não se contagiar com os nomes da moda. As crianças inventam para si mesmas nomes que elas gostariam de ter. Como eu seria com outro nome? Esse também é um tema válido para escrever.

10
O primeiro personagem

O primeiro personagem somos nós mesmos. Ir ao comunicável. Examinar-se a partir dos hábitos. Um "eu" adequado às circunstâncias. O "eu" impessoal. O mundo próprio de cada um. Perguntas que nos fazemos. Hábitos. Relações. Cuidar dos outros. Efeitos. Discurso interno. Distinguir sensações. Formas de ser. Descontentamento e dor. Variações de humor. Imaginações. Fantasias cômicas ou insólitas. O discurso desenfreado. Tomar decisões. Aprender a esperar.

O primeiro personagem, o que temos mais à mão, somos nós mesmos. Nem todas as experiências íntimas são comunicáveis, e quando escrevo devo atingir o comunicável. Nós nos examinamos a partir de nossos hábitos. Um hábito me constitui. Existem situações nas quais eu sou o personagem, mas sou um personagem adequado às circunstâncias: sou outro, tenho outro contexto ou me desempenho de maneira distinta. "Eu" sou vários: em um amor passado eu era outra, também na infância, ou quando não faço algo muito rotineiro, como uma viagem. Quando eu sou o personagem, devo tentar me desprender do pessoal, adquirir um "eu" impessoal.

Em que consiste o mundo próprio de cada um? É próprio na medida em que não coincide com o dos outros. Podemos ser determinantes ou drásticos, fortes ou vulneráveis, determinados, obstinados ou inflexíveis, podemos ser fofoqueiros ou transparentes... Quanto esforço fazemos para nos aproximar de um grupo em uma reunião? Como nos aproximamos e representando que papel? Como outras pessoas se aproximam? Qual é a nossa reação quando somos elogiados ou criticados por algo que consideramos errado? São coisas que todos nós temos e são perguntas que podemos nos fazer. Às vezes são os outros que nos dão uma dica sobre nossa forma de ser ou nosso comportamento.

Existem diferentes temas para observar em si mesmo e que podem servir de material de escrita. Eis alguns exemplos:

- A relação com a própria dor.
- Os hábitos de conversação.
- A relação com a espera, com o tempo.
- O encontro com os outros.
- O cuidado com a amizade: não tocar em certos assuntos.
- O efeito causado em alguém por uma conversa abortada.
- O discurso interno que praticamos quando criticamos o outro, elaborando pensamentos desenfreados.
- A vontade de escapar de uma situação.
- A sensação de não ser capaz de se comunicar de maneira mais profunda com os outros.
- A própria irritação, alívio ou surpresa quando um hábito é interrompido, como ter que viajar mais cedo (algo que pode provocar o dilúvio universal ou outra sensação de catástrofe).
- Ser de uma maneira (pontual, por exemplo), mas admirar as pessoas diferentes (alguém que não é pontual e consegue ficar bem com os outros, mesmo chegando atrasado em qualquer lugar); ou o organizado diante do desorganizado, o calmo versus o apaixonado etc.

- O descontentamento com o simulador ou o farsante (quando uma pessoa se comporta como outra, usando as mesmas roupas, adotando os mesmos gestos, repetindo as palavras de outra etc.).
- Distinção entre tipos diferentes de mal-estar: o que me causa o cigarro ou o vinho ou a relação comigo mesmo.
- Quando infligimos a nós mesmos uma dor e observamos o estado de espírito com o qual reagimos segundo essa dor.
- Comprar besteiras.
- O mal de amor.
- Lembrar a história de ter feito algum esforço para me transformar ou parecer de determinada maneira: estudar latim, confeitaria, andinismo...
- Observar as variações de humor conforme alguém se torna perdulário ou muquirana.
- Imaginações: achar que um pensamento é o melhor do mundo. Também serve para o contrário.
- Tomar decisões: ter determinadas certezas.
- Formas de sobreviver.
- Observar morais que alguém impõe a si mesmo.
- Conceder prêmios ou punições a si mesmo.
- O que os outros nos apontam a nosso respeito.
- A atenção necessária para observar um fenômeno.
- Ter fantasias cômicas: ver-se em uma situação-limite (como uma inundação) e começar a contar a vida. Confrontar uma circunstância catastrófica com os desejos.

Quando nosso mundo interior é o tema da escrita, devemos ser capazes de provocar um discurso desenfreado. Pode acontecer de nós mesmos não encontrarmos o centro, o eixo da história, o que queremos contar. Quando a contamos para outra pessoa, às vezes funciona melhor e acaba sendo mais verossímil do que quando é escrita. A coisa mais difícil na vida é tomar decisões; e para construir um personagem e se manter nele e na história que escolhi contar, é preciso treino, disciplina, fazer coisas que durem mais de uma hora. É necessário treinar a capacidade de escrever, torná-la um hábito. E também aprender a esperar. Isso serve para qualquer atividade, como regar as plantas, cozinhar ou escrever um conto.

11
A verdade é construída no diálogo

Capacidade de dialogar. Monologistas e dialogistas. Necessidade de se autoexpressar. Não se levar tão a sério. "Nós" versus "eles". O efeito tragédia. A distância necessária. Como os personagens falam. Dar vida aos personagens. A insensatez das tramas. As ideias devem estar a serviço do diálogo. A trama é prejudicada pela precipitação. Diálogos de cumplicidade e diálogos de contraste. Temas para a construção de diálogos.

Para Sócrates, a verdade é construída no diálogo com seus discípulos. Na democracia grega, o uno é parte do todo, a verdade é almejada entre todos. Quem dialoga desenvolve a capacidade de se projetar nos outros e vence por convicção. Na perspectiva troiana, a pessoa se coloca no lugar do outro, mas, para isso, para me colocar no lugar do outro, tenho que escutar. A falta de diálogo implica falta de justiça. Tudo tem a ver com o espaço comum.

Os melhores escritores argentinos são monologistas. O romance argentino é monológico, e não dialógico como o estadunidense. O único que dialoga aqui é Manuel Puig. Por que nós, argentinos, dialogamos mal? Não nos escutamos, enquanto o outro fala, estamos esperando para intervir. De modo geral, em vez de escutar, tomamos partido. Não sabemos dialogar porque nos sentimos desqualificados e tentamos compensar: "Eu sou...", "Eu acho..." É preciso aprender a se levar na esportiva, e não tão a sério. Aqui impera uma necessidade muito forte de se autoexpressar. Dialogar deveria ser tanto ou mais importante que a necessidade de nos expressarmos. Há tanta necessidade de dizer coisas importantes? Falamos bobagens, continuamente.

Escrever diálogos é sobre escutar e não inventar, o diálogo deve estar a serviço do personagem e não ser demonstrativo. O diálogo na Grécia nasceu com a paridade, mas não nos sentimos como pares, cada pessoa sente-se um centro extraordinário. Queremos ser o centro do *queque*[11], e aí aparece o Narciso: não queremos ser parte do todo, queremos ser o todo. Somos ambiciosos devido a uma carência de comunicação e de expressão. Sempre estamos no limite do exibicionismo, como o aluno ou aquele que faz perguntas nas conferências: não perguntam para saber, mas para exibir o que sabem. Nos impomos a obrigação de saber, talvez porque temos medo de parecer estúpidos. Mas a literatura não serve para exibir nada.

Isidoro Blaisten dizia que "no campo são assim", ele imagina para si como são as pessoas do campo, mas não se dispõe a olhar para ver quem é o outro. Então aí sai a parte negacionista, porque há um desperdício nesse não olhar, aquele que escreve recorre a um pobre arquetípico, imaginado, que não é o pobre real. Prefere sua imaginação à observação porque é mais fácil

---

11 *Queque* é como se diz bolo no Equador, no Chile, na Colômbia, no Peru e em outros países da América Latina. Provavelmente, a palavra é uma derivação do inglês *cake*. No Peru, "*estar hasta el queque*" significa estar cansado, mal ou em apuros. Sentir-se "*el centro del queque*" [a cereja do bolo, em português], é se achar a pessoa mais importante, o recheio, o centro de alguma coisa.

fazer um juízo de valor. Mas para escrever tenho que me colocar no lugar do outro e em seu contexto. Claro que há um limite, às vezes não somos capazes de nos colocarmos completamente no lugar do personagem, porque há alguma coisa, um segredo, algo não dito, que não é possível usurpar.

Quando um escritor não registra como as pessoas falam, é porque está embriagado com a própria linguagem. Não se deve escrever declarativamente. É necessário praticar o diálogo e agilizá-lo, atribuir muita importância ao filtro da linguagem que vem do outro lado, abrindo mão das palavras complicadas, como "finissecular" e "rizoma". O autodomínio tem relação com o autocuidado, com a responsabilidade dos próprios atos e com a soberania que se tem sobre si mesmo. Tanto o superego como o medo anulam o diálogo. Às vezes precisamos de um diálogo mais profundo que não acontece por falta de tempo ou por pudor. Enquanto dialogamos sobre bobagens, desprezamos o outro e também o personagem.

A sociedade argentina é constituída de imigrantes italianos, judeus etc., e, quando não é possível resgatar a igualdade, elementos heroicos são resgatados. É uma transgressão quando as pessoas dizem: ganhei, venci, seja em uma discussão, dirigindo um carro ou ao atravessar a rua. Vivemos na cultura da eficácia. A democracia, por outro lado, é mais entediante e mais trabalhosa.

O "nós" implica o pertencimento a um grupo. Quando falamos no plural, estabelecemos a dicotomia "nós" versus "eles" – nós, as vítimas, e eles, os outros, os que mandam, os detentores do poder, os culpados. Busca-se um bode expiatório para personalizar o responsável. Quando falamos "nós", tampouco nos sentimos pares, e cada um, novamente, tende a se ver como um ser extraordinário. Atacar e se defender significa não buscar o diálogo, e, nesse sentido, dizer a verdade equivale a ser um traíra, um alcaguete.

Algumas pessoas valorizam o espírito de sofrimento e o mau humor, que tem a ver com o efeito tragédia. Para Nietzsche, "a tragédia fala do inevitável, do incurável, do inescrutável no destino humano". Platão repudiava a tragédia por seu excesso, ele acreditava que era um espetáculo ultrajante e perguntava: "Que palavras saíram de dentro de sua boca?" É possível haver excesso também no ato de calar, como Prometeu, que se abstém de falar: "é o dono de seu silêncio". Duas pessoas brigando são forças em disputa, e o juiz é um terceiro que modera as forças. Então surge a ideia de justiça humana, que é diferente da justiça divina. Se os deuses quisessem se comunicar com os humanos, fariam isso durante o dia e escolheriam receptores como Aristóteles.

O diálogo é um terreno movediço entre um e outro, e requer uma distância enorme, onde é necessário tomar partido. Para compor diálogos, é necessário maior distância para construir personagens. Aqui dizemos: "óbvio", "claro", "pronto"... mas isso equivale a uma perda do exercício do diálogo. Não existem mais diálogos de ideias, nem é possível colocar ideias de um autor no diálogo. No diálogo o personagem fala em sua forma mais definitiva.

Quando falo, quando dialogo, tenho que ser o mais sintético possível, a menos que a palavra seja o que identifica o personagem. Mas a imaginação tem suas leis. Escrever é ver. E, quando estamos mais próximos, vemos mais. Escrever é como falar, é decantar, fazer síntese. Contudo a síntese também é a morte. O diálogo é o recorte de um momento, não quer abarcar toda a vida.

De onde surge a capacidade de diálogo? Surge de não idealizar os personagens. Se os idealizo, os controlo e os afasto. Quando idealizo, quando estilizo o personagem, torno mais presente o que construo, o que penso, e não o que o personagem faz, nem o que ele diz. É preciso saber escutar o que e como as pessoas falam, estar atento às expressões que elas usam. É mais importante o tom, o "como dizem", do que o que dizem. É nesse "como" que se vê o personagem. Horacio Quiroga afirmava: "escute seus personagens. Não os obrigue a dizer o que não querem ou não são capazes. Se o que eles disserem te surpreender, então funciona." A pedra de toque para mensurar o bom escritor é o diálogo. Se você sabe criar diálogo é porque tem ouvido para seus personagens, é porque os escuta, dá lugar a eles, os deixa atuar. Dá vida a eles. Quando sou muito controladora, superego demais, não sou capaz de me aproximar do meu personagem. É preciso resgatar o personagem sem julgá-lo, como os estadunidenses, que não tem medo da vulgaridade.

No diálogo, todos têm um pouco de razão. Surgem argumentos, contra-argumentos, opiniões. Enrique Wernicke sabe criar diálogos e Juan José Morosoli oferece bons exemplos de diálogo entre *gauchos*. Saki, Erskine Caldwell e Leonardo Sciascia têm contos e romances dialogados, em que o diálogo sempre vem acompanhado da linguagem dos signos. Não recorramos apenas à mensagem racional. O olhar, o tom, tudo o que surge no diálogo nos oferece pautas. As intuições, as percepções ou os palpites podem modificar as palavras em um diálogo. Como dizia Tchékhov, temos de considerar o que as pessoas dizem e como dizem, ou a pouca confiança com que as pessoas emitem uma convicção. O diálogo é apenas um aspecto do personagem que não o esgota.

De onde surge a insensatez das tramas? Surge da crença de que a literatura é alguma coisa que vai além da vida, que se situa em algum lugar superior. Achamos que o diálogo é valioso, repleto de ideias fantásticas, intelectuais e iluminadoras. Mas, quando compomos um diálogo, não podemos dispor pensamentos internos. No diálogo é mostrada a conduta, a ação ou o que ela e ele fazem para que o romance avance. As ideias devem estar a serviço do diálogo, e não o contrário. É insensato que em um romance ou em um conto eu faça com que meus personagens, um homem e uma mulher, por exemplo, a cada noite conversem sobre assuntos diferentes e interessantes. A realidade não é assim. O ser humano é um bicho de hábitos, as conversas de modo geral são baseadas nas preocupações imediatas. Isso tem relação com o amadurecimento de um personagem, de uma pessoa ou de um amor.

Muitas vezes a trama é prejudicada pela precipitação. Se perde por impaciência, por ansiedade. Devemos pensar a trama, sem escrever por capricho, sem anunciar o que vai se manifestar em seguida. Ao escrever, devemos tentar não querer matar dois pássaros com um único tiro. Quando apresso algo e não me ocupo com os processos menores que vão ocorrendo, quando não escuto meus personagens, fico com uma trama de fundo de gaveta que não diz nada. Para escrever diálogos, tenho que me valer da linguagem dos personagens. Há diálogos de cumplicidade e diálogos de contraste, de competição, existe o diálogo conquistador e de aproximação, entre tantos temas que estão por trás da construção de um diálogo.

Temas para a construção de diálogos

- Diálogo de competição: a partir de viagens que alguém fez, de cirurgias, da educação de crianças ou de cachorros. Uma senhora na lavanderia dizia: "Meu cachorro sabe fazer trezentas caras diferentes. Veja, faz cara de cachorro bravo. Agora, fica triste..." Existem pessoas que competem por novidade ou por intrigas políticas. Nesse tipo de conversa, sempre paira o poder, a demonstração de quem sabe mais. Nesses diálogos primam as relações de poder ou de domínio: uma pessoa tem a última palavra. Ficamos atordoados quando alguém se mostra mais poderoso que nós. Diálogo entre senhoras idosas: falam quase sempre de doenças, disputam para ver quem é a mais doente, falam de suas cirurgias.

- O diálogo do conquistador é quando você diz algo e o outro conquista o discurso: "eu viajei para o Brasil", "eu também"; aí se estabelecem superioridades. Não se trata do "apenas", mas do "também", do "e digo mais". O outro se acha mais que você.
- Diálogo entre bêbados, em que podem ocorrer reiterações de carinho misturadas com um antigo rancor: "sempre vai ser assim, igual agora".
- Diálogo entre os que querem parar de fumar ou de beber tem a ver com a queda, a culpa e a redenção: "quantos você fuma?", "hoje só fumei um", "ah, a gente vai conseguir!". Ou como o dentista que tomava banho cinco vezes por dia para não fumar. Ou o homem que comprou uma chácara e dizia que sem um copo de uísque e um cigarro não era capaz de aproveitar o entardecer. Ou quando perguntam qual é o cigarro mais importante do dia.
- Diálogo de aproximação, durante uma viagem com uma pessoa desconhecida ou quando se fala do clima ou do signo, o diálogo em um avião ou em um ônibus, como quando você vai para a basílica de Luján e as pessoas vão sondando para saber se você é crente. Ou como antigamente, quando te tiravam para dançar. As pessoas sondam: o diálogo de elevador ou com um taxista: "que calor!", diz um, e o outro por sua vez, "e você queria o quê, estamos no verão!".

- Diálogo de contraste entre o campo e a cidade. Como quando estive em Amaicha e fiz uma pergunta existencial ao açougueiro: "o porquinho sabe quando vai ser morto?", mas o açougueiro matava porcos todos os dias; ou como o tempo dos pequenos povoados, que é outro: "o jornaleiro não está?", "ele veio ontem", respondem, ou: "costuma vir", ou "deve estar chegando". As pessoas da cidade são impositivas com o tempo, porém nos povoados as notícias chegam tarde ou com lentidão, o que pouco importa.
- Diálogo entre uma histérica e um depressivo; ou ao contrário, uma depressiva e um histérico: "eu sinto frio quando estou no quarto", "liga a estufa", "mas está quebrada", "fala pros meninos consertarem para você". São diálogos sem destino porque não é possível transmitir a perspectiva de uma para o outro. No fundo, isso quer dizer que não podemos nos entender.
- Diálogo de mulheres que falam sobre o marido ou os filhos.
- Os diálogos entre as crianças são bonitos quando alguém consegue se conectar consigo mesmo. Eles fazem perguntas como: "Por que dormimos deitados numa cama?" Para uma criança é uma pergunta importante. Ou: "Por que existem animais que dormem em pé?" Antes os adultos se divertiam com as crianças. As ervilhas não vinham descascadas, mas em vagens, e meu pai colocava moedas dentro delas para brincar com a gente.
- Diálogo entre mãe e filho. Como quando um adulto tenta explicar como nascem os bebês ou fala sobre a morte.
- Diálogo com um menino de quatro anos. Por exemplo, com o neto de uma amiga. Ligo na casa dela e pergunto: "sua vó está aí?", "não, não está", "ela foi para a academia?", "como ela vai para a academia se é uma velha?", "você está aí

sozinho?", "como vou estar sozinho se tenho só quatro anos?".
- Dois idosos que conversam sobre como o mundo está perdido.
- Duas pessoas falando sobre si mesmas sem se escutar. Utilizam muito o "porque eu...".
- Pessoas exigentes falando com o garçom de um restaurante.
- Diálogo entre pessoas estranhas: um mitômano com uma pessoa que não é.
- Diálogo entre professor e aluno.
- Diálogos apresentados em livros didáticos de idiomas.
- Quando se busca a cumplicidade do outro: duas amigas que se lembram das maldades que fizeram aos outros.
- Diálogo em que alguém quer informações sobre um terceiro, mas de modo enviesado, tentando "arrancá-las da boca" do outro.
- Diálogo entre um cachorro ou um gato e seu dono.
- Diálogo entre adolescentes.
- Discussão entre amigos ou de casal.
- Diálogo de um hipocondríaco com um médico.
- Diálogo entre duas enfermeiras.
- Diálogo entre duas pessoas que não se entendem bem.
- Diálogo delirante com uma vizinha.
- Diálogo com uma pessoa enquanto penso em outra coisa.
- Diálogo que se embaralha no decorrer da conversa. Quanto mais as pessoas se defendem de algo, mais impactadas se sentem.
- Diálogo consigo mesmo.

12
O monólogo interior

Quando surge o monólogo interior na literatura. O romance omniabarcador. O século das cartas e dos belos jardins. Os tempos e os espaços do século XIX. O diálogo interior. O tempo para o processamento interno. Processar os conflitos. Instrumentalizar os sentimentos. Os estados de espírito e as mudanças de discurso. O monólogo do que "deve ser". Observar-se com atenção. O monólogo da vergonha. Monólogo enquanto passo o tempo. Divagações. Monólogo da insatisfação. Datas especiais e horas do dia para determinados diálogos. Vitimização dialogada. Monólogo da raiva, da insônia. Ficar de fora. O "eu" posicionado. O que dizer e o que não dizer.

O monólogo surge tardiamente na literatura, somente no auge do grande romance do século XIX, com o aparecimento do "sujeito". Até então, falávamos de uma sociedade ritual, onde não se pensava a partir do sujeito. Os grandes romancistas omniabarcadores, como Dostoiévski, Tolstói ou Henry James, nos contam tudo: a história, os costumes, o pensamento, a política. Essa explicação do mundo seria impensável hoje, em que cada um capina a própria horta.

O século XIX é o século das cartas. Uma carta demorava quinze dias para chegar ao destino, e o estado de espírito se mantinha por mais tempo estável, muito mais do que em nossa época, em que estamos acostumados com a comunicação vertiginosa. Também era o mundo dos belos jardins, que não eram espaços para atravessar ou transpor, mas para se deter, para meditar ou refletir. Em comparação com as pessoas do século XIX, que viviam em outra época e passeavam por outros espaços, hoje mudamos muito mais rápido, sem nenhuma possibilidade de nos conectarmos com nós mesmos e também sem transições. A duração dos amores era maior, o luto era mais longo, o estado de espírito durava mais tempo e as pessoas podiam se olhar, conectar-se consigo mesmas. Se eu me preservo, ainda que mude ou haja variações, se preserva também o olhar e surge o individualismo. É provável que com alguns animais isso também aconteça. O chimpanzé tem um protomonólogo que é parecido com um ruidinho interno.

O monólogo é o diálogo interior. Pela rapidez com a qual vivemos, há menos tempo para processar os conflitos, e muitas vezes não são processados. O monólogo interior oferece a quem escreve um mundo onde se apoiar, lhe oferece alguma coisa. Contudo, defender-se demais é inútil para o próprio processo interno. Os argumentos têm várias origens, e com o diálogo instrumentalizamos os sentimentos, o ódio e a alegria – como Dorothy Parker, que trabalhou o monólogo interior de forma graciosa.

No romance *Senilidade*, de Italo Svevo, vemos todos os estados de espírito, percebemos a mudança de discurso, em que o protagonista vai e vem. Svevo estava interessado nas teorias psicanalíticas de Freud e era amigo de James Joyce, a quem conheceu em 1907 em Trieste, onde Joyce estava exilado. Svevo descreveu assim os sentimentos de seu personagem:

> Emilio nunca tivera nenhuma alegria nem algo inesperado. Até mesmo o infortúnio se anunciara para ele de longe, se esboçara à medida que se aproximava; tivera tempo de encará-lo lentamente

e, quando foi atingido pela morte de seus entes queridos ou pela pobreza, já estava preparado. Por isso, ele havia sofrido mais tempo, mas com menor intensidade, e os numerosos infortúnios nunca o abalaram de sua triste passividade, que ele atribuía àquele destino desesperadamente sem cor e uniforme.

O personagem de Svevo rompe com um amor que tem, mas lhe diz que ainda assim vai passear com ela porque isso o acalma. Hoje já dizemos a verdade para o outro, jogamos tudo na cara porque permitimos que o rancor surja sem reflexão; e quando não fazemos isso é porque aparece algo que nos bloqueia, temos rancor e pensamentos concomitantes, adjacentes. O rancor vem de uma situação anterior e se manifesta na busca de equilíbrio do briguento: colocamos o ser a serviço da tranquilidade do "eu". Há pessoas que descarregam, que procuram revanche, e outras que não o fazem. As discussões não resolvem nada, só servem para descarregar. Julio Ramón Ribeyro dizia: "o homem é um animal que discute, não que pensa". Se você foge, é para se preservar, por ser mais fóbico. Nietzsche disse: "a justiça nasceu da vingança". Mas às vezes o rancoroso não é capaz de se vingar, porque encontra o outro com uma expressão diferente, angelical, então adentra em outra região. Isso é muito bonito de trabalhar.

O monólogo do que "deve ser" também é interessante. Tenho uma amiga para quem recomendei que anotasse tudo o que ia dizer ao médico, mas ela me respondeu: "não, o médico tem que saber". Mas o médico não tem por que saber de nada, não perde tempo com isso. A vida inteira estamos aguardando o que deveria ser. San Martín dizia algo que nunca entendi: "serás o que deves ser ou então não serás nada".

O monólogo da vergonha também é útil. Como Prometeu, que dizia "que vergonha estar acorrentado e meus inimigos me verem assim". Isso é italiano. O vexame é uma questão social, porque desnuda um repertório. Felisberto Hernández trabalhou isso muito bem.

Outros exemplos de monólogo interior que podem servir para escrever são:

- O monólogo da insatisfação. Dizer a si mesmo que devia viver na Suécia, onde tudo é perfeito. Mas sem o frio da Suécia.
- Quando chego cedo demais a um lugar, a um encontro: no que posso pensar durante todo esse tempo? O que posso fazer quando o tempo é muito curto para qualquer atividade? Há um tempo curto que se torna longo e um tempo longo que pode se tornar curto. Pode ocorrer insatisfação, nervosismo ou cansaço por estar chegando a hora. Eu ando de um lado para o outro contemplando vitrines de lojas diante das quais nunca pararia se não tivesse que esperar.
- Quando tomamos um táxi e escutamos uma palavra no rádio com a qual podemos começar a divagar.
- A época de Natal e Ano-Novo. Sou acometida por sentimentos ecumênicos, começo a pensar nas pessoas que há no mundo, como se o tempo e o espaço fossem outros. Nessas datas me permito não fazer nada, porque o coletivo trabalha por mim. Penso na gratuidade de estar na Terra e sou acometida por sensações confusas e perplexas.
- Todos nós temos um monólogo interior pela manhã, quando nos levantamos. Quais são os pensamentos de alguém durante o banho?
- Pensar em algo quando teve uma boa noite de sono ou quando dormiu mal.
- Me olho no espelho e me observo com atenção. Digo a mim mesma, por exemplo, como devo ser.

- Ou à noite, enquanto espero o sono chegar. Esse monólogo depende de várias obsessões.
- Alguém me olha no metrô ou no ônibus. Qual "eu" me devolve esse olhar?, como eu me vejo pelo olhar do outro?
- O discurso interior que antecede uma prova ou uma entrevista de trabalho. Como quero que me vejam? O "eu" posicionado.
- Ou quando nos sentimos vítimas de uma pessoa, da sociedade, do governo.
- As idas e vindas no pensamento de desprezo ou menosprezo por algo, pelo mundo, por mim mesma e o fato de não querer sentir isso.
- Existe um monólogo da "raiva", no qual surgem coisas de ordem diversa.
- O sentimento difuso de estar em falta, sem contudo saber em relação a quê, quando alguém se sente perdido, confuso, não por algo determinado, mas como um estado geral.
- O monólogo da obsessão: ou isto ou aquilo.
- Ou quando ficamos de fora de algo, por exemplo, quando nos convidam para um jantar como suplente, porque outra pessoa não pôde comparecer. Você se pergunta: o que é que estou fazendo aqui?
- Ou quando nos perguntamos sobre as atividades de nossos amigos. Por exemplo, eu me pergunto como é a aula de um amigo que faz *tai chi chuan*.
- Pode ocorrer monólogo interior durante qualquer reunião ou conversa telefônica: o que dizer, o que não dizer.
- Alguém pode imaginar onde está outra pessoa neste exato momento.
- Ou durante uma conversa, aguardar o momento adequado para intervir.

- O monólogo da insônia, quando a cabeça está cansada.
- O monólogo do arrependimento: se eu tivesse me casado com fulano, se tivesse ido morar na serra, por que não fiz isto ou aquilo?

13
A crônica literária e a primeira pessoa

> "A vida se dá em pequenos detalhes."
>
> HEBE UHART

A primeira pessoa. Os gêneros estão se misturando. Uma narrativa linear. O frescor do momento. A fragmentação dos fatos. Um gênero sem pretensões. Um risco menor. Rubem Braga, mestre da crônica. A empatia pelo personagem. Ver um pouco mais além. O que se vê através de uma janela. Clarice Lispector. Seguir o fio dos personagens. Grandes temas e pequenos detalhes. A literatura é algo particular. Como a crônica fracassa. A literatura é imagem.

Quando Clarice Lispector, um tanto alarmada por estar usando muito a primeira pessoa, perguntou a Rubem Braga se não estaria se excedendo, ele lhe respondeu: "é impossível, na crônica, deixar de ser pessoal". Enquanto o conto tem uma peripécia, há sempre um "mas" e é necessário um olhar mais aprofundado, na crônica não precisa acontecer nada. A primeira pessoa da crônica é prática, ao passo que a segunda pessoa e a segunda do plural são mais difíceis de trabalhar.

Os gêneros estão se misturando cada vez mais. Em seu livro *Prosas apátridas*, Julio Ramón Ribeyro aborda essa mescla de reflexão, conto e crônica. Em certo sentido, a crônica é um risco menor. O romance e o conto implicam um trabalho de construção mais complexo, mas a crônica pode ser desconstruída com mais facilidade. É uma narrativa linear: começo com um tema ou uma observação, algo que me chama a atenção, e finalizo em qualquer outro lugar. A crônica tende à fragmentação dos fatos e evidencia que a realidade é um todo inapreensível. Enquanto o conto tem pretensões de totalidade ou circularidade, a crônica tem o frescor do momento, é menos pretensiosa. A crônica está vinculada com o tempo, com o instante.

O mestre da crônica é o brasileiro Rubem Braga. Braga tinha uma grande empatia por seus personagens, suas crônicas são simples, diretas, subjetivas. Sobre um passarinho, disse:

> Chama-se Pirapora, o meu corrupião; eu o trouxe lá da beira do São Francisco, muito feio, descolorido e sem cauda. Consegui uma licença escrita para poder conduzi-lo; apesar disso, houve um chato da companhia aérea que implicou com ele na baldeação em Belo Horizonte. Queria que ele viesse no compartimento de bagagens, onde certamente morreria de frio ou de tédio. Houve muita discussão, da qual Pirapora se aproveitou para conquistar a amizade de um negro carregador; limpando-lhe carinhosamente a unha com o bico. Encantado com o passarinho, esse carregador me ajudou a ludibriar o exigente funcionário, e fizemos boa viagem[12].

"Homem no mar", também de Braga, é uma crônica breve sobre o que o narrador observa de sua janela. Vê um homem nadando

---

12 Rubem Braga, "Ele se chama Pirapora", in *Ai de ti, Copacabana*. Rio de Janeiro: Record, 2010. [Na edição original do livro, o trecho foi traduzido do português por Hebe Uhart para as aulas da oficina.]

no mar e sente crescer em si uma admiração, uma nobreza calma, até que se sente responsável por esse homem. Com um olhar generoso, o narrador constrói uma história efêmera e cheia de nuances.

Clarice Lispector dizia que escrever crônica é ver um pouco mais além do que normalmente vemos. Ela segue o fio dos personagens, dos objetos, das ideias. Seus personagens são taxistas, vendedores ambulantes, vizinhos que conhece ou reconhece apenas de vista, visitantes, amigos, filhos, leitores, lembranças ou a vista da chuva caindo:

> Apenas isso: chove e estou vendo a chuva. Que simplicidade. Nunca pensei que o mundo e eu chegássemos a esse ponto de trigo. A chuva cai não porque está precisando de mim, e eu olho a chuva não porque preciso dela. Mas nós estamos tão juntas como a água da chuva está ligada à chuva. E eu não estou agradecendo nada. Não tivesse eu, logo depois de nascer, tomado involuntária e forçadamente o caminho que tomei – e teria sido sempre o que realmente estou sendo: uma camponesa que está num campo onde chove.

Em "Prece por um padre", Lispector escreve para um religioso que tinha medo de morrer e que pediu a ela uma vez: "reze por mim". Essa crônica é uma pequena prece: "faze com que ele sinta uma alegria modesta", escreve. Nas mãos de Clarice, a crônica é um argumento para escrever tanto sobre os grandes temas como sobre pequenos detalhes que nos dão uma ideia nova do mundo. Os temas da crônica podem ser detalhes, miudezas, mundos parciais, acontecimentos de um dia qualquer. Isso pode parecer banal, simples e cotidiano, mas a literatura não é o geral, como supõe quem está começando a escrever. Eu gosto muito mais das particularidades. Quando uma conversa, um livro ou qualquer história se torna simbólica demais, me perco. Há uma espécie de prazer nos detalhes. Na crônica, como em qualquer tipo de narrativa, é bom se deter no particular, porque dá mais identidade ao personagem. Se caio no simbólico, o personagem me escapa. Se tenho um tema nas mãos, não devo dar muitas explicações. É preciso confiar sempre que as pessoas, o leitor, entendem.

O amor, o tempo e a morte também foram temas para Braga e Lispector, mas sempre de uma perspectiva nova, inexplorada. Qualquer tema pode ser interessante, e o literário está no "como" escrevo. Escrever é algo particular, a literatura, como a vida, está nos detalhes. Flannery O'Connor dizia que eram os detalhes concretos da vida que tornavam real o mistério da nossa condição na Terra. O vestígio do tempo nos lugares, as rachaduras no teto, as manchas de umidade, o que conserto, o que não conserto, são temas possíveis para serem usados na crônica.

Em seu livro de crônicas *Só para fumantes*, Julio Ramón Ribeyro descreve imagens e pensamentos:

> não devemos exigir nas pessoas mais de uma qualidade. Se encontramos uma, já devíamos nos sentir agradecidos e julgá-las somente por ela e não pelas que lhes faltam. É inútil exigir que uma pessoa seja simpática e também generosa ou que seja inteligente e também alegre ou que seja culta e também asseada ou que seja bonita e também leal. Recebamos dela o que ela pode nos dar. Que sua qualidade seja também a passagem privilegiada através da qual nos comunicamos e nos enriquecemos.

Sobre as crianças, diz:

> a coisa mais difícil é ensiná-las a perder. Seja brincando com soldadinhos ou jogando damas, Banco Imobiliário, baralho, elas não

admitem outra possibilidade a não ser a vitória. [...] Mas com o tempo começam a compreender que também existe a derrota. Então sua visão sobre a vida se alarga, mas em direção à sombra e ao desamparo, como para aquele que, tendo sempre dormido de sol a sol, despertara uma vez na metade de seu sono e percebera que também existe a noite.

14
A crônica de infância

Temas para quem está começando a escrever. Desenvolver a tensão interna de quem está escrevendo. Direcionar uma lembrança. Na infância tudo acontece pela primeira vez. A ressonância das palavras. A ótica das crianças. Não se apegar a uma lembrança. Não contar tudo. A aderência ao real. As periferias do texto. Situar-se em uma idade e permanecer nela. Os personagens de Tchékhov falam por ele. Escreve-se com uma bagagem nas costas. Primeiras lembranças da infância. A ineficácia dos pais. Repercussões das ações dos adultos nas crianças.

A crônica de infância é um bom tema para quem está começando a escrever. Somos nosso próprio personagem, mas não somos os mesmos, porque nos situamos em outro tempo e em uma idade determinada. Como tema, a infância serve para desenvolver a tensão interna de quem escreve. Estou atenta a uma lembrança e a direciono. Para isso, quem escreve deve se envolver na história e manter a surpresa das crianças: na infância, tudo acontece pela primeira vez.

Para a criança, é importante a ressonância que as palavras dos adultos têm sobre ela. Se a mãe diz "noite trágica", isso vai ter um impacto forte nela e com consequências que mais tarde ela vai ter que elaborar. Os acontecimentos, como a morte de um parente, um casamento, um nascimento, têm diferentes repercussões e significados distintos nas crianças em comparação aos adultos. A ótica das crianças é muito diferente e é preciso escrever a partir dela. Tampouco é necessário se apegar a uma lembrança e querer contar tudo. A aderência ao real não é algo bom. Há coisas que pensamos mas não escrevemos, são periferias do texto.

A crônica de infância deve ser situada em uma idade determinada e apenas nela. As crianças querem surpreender e alegrar os adultos e aumentam tudo. As brincadeiras também vão se transformando, as brincadeiras às quais elas se dedicavam antes com seriedade e concentração aos seis anos já não têm o mesmo sentido aos doze. Não devo me mover da idade que escolhi para contar uma lembrança, seja ela própria ou alheia. Em "Vanka", Anton Tchékhov permanece na mentalidade de um menino de nove anos que escreve para o avô. Nas cartas, o menino conta sua vida como aprendiz de sapateiro e, ao final, quando quer enviar a carta, escreve no envelope: "Para o avô, no povoado." É um final terrível, porque apenas o leitor sabe que essa carta nunca chegará a seu destino. Tchékhov não abusa da dramaticidade e deixa que seus personagens falem por ele.

Quando escrevo, não o faço sozinha, mas com uma bagagem nas costas. Minha experiência e minha herança familiar me livram do narcisismo e do ego: eu sou parte deles. Não devemos escrever com o pensamento de que os familiares vão se reconhecer ou de "manchar a memória" da família, porque esses medos perturbarão a harmonia que tenho quando recorro a uma ideia ou a uma lembrança. A pessoa e o personagem aparecem sob outro aspecto. Se o fecho, o nego ou o neutralizo, devo me indagar a serviço do que estou fazendo. Certamente, se trata apenas de preconceitos: se me proteger demais, não vou conseguir escrever.

Não há apenas uma realidade, tudo é uma perspectiva. Quem abordou muito bem esse tema sem se privar de nada foi Alicia Steimberg, em *Músicos y relojeros*: "quando a avó migrou de Kiev para Buenos Aires, ela tinha 11 anos. Enviaram-na para a escola, e ela aprendeu muito bem o espanhol. Cantava tangos como um pássaro doente: Cicatriiiiiiizes (trino) Indeléveis de uma feriiiiiiida (trino). Ela nunca falava de como veio a se casar com o avô. Uma a uma, ela foi parindo suas filhas, com muita facilidade."

As primeiras lembranças da infância, até os quatro ou cinco anos, são interessantes para escrever. Também é interessante quando as crianças se conscientizam da ineficácia dos pais, por exemplo, quando são incapazes de dosar um remédio. As desatenções, os descuidos, as atitudes infantis nos adultos são também objetos a serem observados. As crianças não entendem por que os adultos estão sempre apressados ou como eles sabem o que sabem. De onde surge o conhecimento do adulto?, a criança se pergunta. Não é capaz de imaginar. Na crônica de infância, é preciso observar as possíveis repercussões das ações dos adultos nas crianças.

15
A crônica de viagem

Uma experiência comum. Um gênero bastante livre. O que vemos e pensamos. Aquilo que fala do lugar. Cada lugar configura uma linguagem. Perceber na língua outra forma de pensar. Esvaziar-se de si mesmo. Observar com calma, "à meia-rédea". Povoados ou cidades. As mudanças em diferentes horas do dia. A tônica dos bairros. A especialização das ruas. A especificidade de um lugar. Viajantes do século XIX. A digressão da crônica. Viajar me obriga a escrever. O que me faz ir a um lugar. Viajando percebemos as diferenças. Incas, aimarás, wichis e mapuches. Acampar pela América Latina. O que nos fica das viagens. Não é necessário ver tudo. O mito do turista e do viajante. Recuperar a linguagem. Observar hábitos incomuns.

A viagem é uma experiência comum, todos nós já viajamos, para mais perto ou mais longe, e sempre temos algo para contar. Na escrita, a crônica de viagem é um gênero bastante livre porque nela é possível mesclar a ficção com o ensaio, dizer o que vemos e pensamos. Ela não é regida pelas leis mais estritas do conto e do romance. Na crônica de viagem, pode-se combinar tudo: reflexões, sentimentos, observação ou afirmação. Podemos ir de informações gerais a informações precisas.

Algumas pessoas se interessam por pedras ou montanhas; outras, pela história ou por determinados saberes. Os viajantes do século XIX, como Alexander von Humboldt ou Domingo Sarmiento, abordavam de tudo: botânica, zoologia, tradição, a temperatura, o preço do trigo. Eram onipresentes e onicientes. Havia um afã didático naquele século, mas o que eles abordavam era o que lhes despertava interesse, nada além disso.

O que me atrai são as pessoas, a forma como falam, as expressões idiomáticas, os cartazes, tudo o que pode me dizer como é um lugar. Com o tempo e com as viagens, vamos gerando uma intuição, sabemos que vamos a determinado lugar porque há algo nele pelo qual nos interessaremos. Assim desenvolvemos uma observação especial para saber o que vamos extrair de lá, o que escreveremos e onde nos sentiremos mais cômodos. Eu, por exemplo, sei que os lugares muito grandes me oprimem. Gosto dos povoados, do campo. As pessoas do campo detêm um saber que eu não tenho. Cada lugar configura uma linguagem, e o interessante é perceber na língua uma forma de pensar. Aprendemos muito falando com as pessoas do lugar. Devemos perceber como é o modo de pensamento e de sentimentos e como isso varia de acordo com as regiões. Um serrano não pensa como um portenho.

O que me dá mais trabalho para me colocar no lugar do outro é me esvaziar de mim mesma. Não é fácil se esvaziar de si próprio, sempre carregamos sentimentos de amor e ódio por alguma coisa, com preconceitos e prejulgamentos. Tudo isso bloqueia a possibilidade de olhar e escutar. O trabalho consiste em observar com calma, é preciso "estar à meia-rédea", nem deprimido nem eufórico. A crônica de um lugar ou uma viagem consiste basicamente em saber ver e escutar. O primeiro dia é completamente novo, é necessário observar com atenção a relação entre a pessoa que viaja e o lugar. Um povoado pode ser captado em um único golpe de vista; as cidades requerem outro tempo e outros conhecimentos.

Gógol escreve sobre a avenida Niévski, em São Petersburgo, e observa as mudanças nas diferentes horas do dia. Os ruídos e os movimentos são distintos conforme o horário que se visite um lugar. Uma rua se transforma assim que os primeiros comércios abrem. Na primavera as pessoas estão mais contentes e manifestam esse sentimento produzindo mais ruído, ocorre uma expansão. Sobre a avenida Niévski, Gógol dizia: "É o único lugar aonde as pessoas vão porque simplesmente querem, e não por necessidade."

Podemos ir de um bairro a outro, e a tônica desses bairros é distinta. Há ruas especializadas, existe uma população uniforme ou heterogênea e há zonas de transição. Então me fixo no que é específico desses lugares e das pessoas que o habitam. Uma boa crônica é capaz de diferenciar os detalhes, os passeadores de cães especializados nas mais diversas raças, as bolivianas vendendo roupas íntimas nas ruas, a roupa dos executivos e a dos empregados. Um comerciante se veste de determinada maneira, e não se trata só do tipo de vestimenta que está usando, mas de como a usa.

Às vezes uma crônica pode perder um pouco de unidade entre a parte teórica e o que pode ser a história de um personagem. Mas as crônicas e a digressão permitem abarcar interesses bastante diversos. Por exemplo, o Paraguai está produzindo um cinema muito bom. Isso para os argentinos é interessante. Mas o Paraguai é um país ignorado e desprezado por nós, argentinos. As pessoas pensam: "boas produções de cinema em Assunção?". Basta terem mate e pronto. O paraguaio é um povo muito inteligente, se você perguntar a qualquer engenheiro de obras, ele vai te responder que o paraguaio é o melhor trabalhador. A pergunta seria: se são trabalhadores, otimistas, inteligentes, resistentes, por que bugalhos estão perdidos? Na crônica de viagem, também é possível fazer essas perguntas.

Eu viajo porque viajar me obriga a escrever. Se é uma cidade grande, como Assunção ou Córdoba, vou ao arquivo para ver o passado que me dá elementos do presente. Se é uma cidade pequena, como Pergamino, não tenho essa necessidade. Talvez eu possa consultar arquivos de jornais. Como conjugo todas essas coisas? Em uma crônica sobre Tucumán, por exemplo, onde estive dando curso e tenho contatos que me permitem reunir material, vejo coisas muito interessantes. Primeiro, nos séculos XVII e XVIII houve inquisição com juízes locais porque dependiam de Charcas, que ficava muito longe. Em geral, as vítimas eram mulheres. Portanto, posso combinar isso que sei e o que li antes com o que possivelmente é a bruxaria e a ervanaria local. Segundo, houve no século XVII carpinteiros independentes, que atuavam como autônomos, pessoas que trabalhavam por conta própria realizando algumas tarefas. Então busco essas pistas agora, vejo se há carpinteiros, se há tradição oral do que vi, e depois reúno tudo. O passado me é útil para este presente. Em Assunção, a mesma coisa.

O que me faz ir a um lugar e não a outro? Tenho uma intuição de que vai me fazer bem, de que vou gostar. Eu sabia que não ia gostar de Tafí del Valle, mas de Amaicha sim, gostei mais. Às vezes o motivo não interessa, eu viajo para o Paraguai sempre que posso porque gosto, gosto das pessoas de lá e de suas formas de falar. É como se apaixonar. Depois, para escrever, apresenta-se uma série de argumentos racionais.

Viajando nos damos conta das diferenças. Em Buenos Aires, Sobremonte tem fama de covarde, mas em Córdoba o consideram um prócer. Enquanto não formos até lá, não há como saber dessas coisas, porque não aparecem em livros. Arequipa é uma bela cidade. Fui à universidade e disse que queria conversar com alguém. Então uma professora de psicologia me mostrou toda a universidade e me explicou o sistema social de Arequipa. Ela me contou que os descendentes dos incas e dos aimarás estão entrando na universidade, e quando sobem na escala social mudam de nome: uma garota chamada Marylin Quispe passa a se chamar Marylin Gonzáles. Aprendemos muito conversando com as pessoas.

Em Formosa, a universidade é interessante. Uma professora de literatura me disse que tinha alunos wichis. Perguntei para ela como distinguia os wichis dos crioulos. Ela me disse que aqueles são mais morenos, têm os olhos mais escuros e olhar mais atento, mais fixo. Um rapaz wichi de 26 anos estava presente e me respondeu a uma pergunta com uma epígrafe de Sartre. Eu adoro essa mescla de Sartre com wichi, gosto de tudo o que significa ascensão, admiro muito quando uma classe ascende.

Em Los Toldos, a 270 quilômetros de Buenos Aires, próximo de Lincoln, há um povoado completamente mapuche. O cacique atual, don Haroldo Coliqueo, é descendente direto do fundador do povoado[13]. Seu bisavô fez um pacto com Mitre, se converteu ao cristianismo e morreu pedindo escolas. Haroldo Coliqueo é médico cirurgião, tem 84 anos e me recebeu em sua casa. Havia um friso com todos seus ascendentes, desde o bisavô. O avô também estava ali no friso, se chamava Antonino Coliqueo. Pergunto: "Don Haroldo, você concorda com seu bisavô, que fez um pacto com Mitre?" Ele me responde: "Sim, minha fia. Senão, eu

---

13 Ignacio Coliqueo (Boroa, 1786 - Los Toldos, 1871) foi um *lonco* (cacique) mapuche boroano e coronel do Exército argentino que conduziu uma comunidade partindo da Araucanía até instalá-la em 1861 na região que mais tarde seria denominada Los Toldos, na província de Buenos Aires. Por continuidade, depois de sua morte, a comunidade mapuche instalada em Los Toldos foi chamada de "a tribo de Coliqueo".

não estaria aqui." Pergunto se ainda preservam a ervanaria indígena. Ele me diz: "Não, minha fia, não tem como competir com a tecnologia. Minha mulher me deu uma tevê de plasma de presente." Os Coliqueo não tiveram outro remédio a não ser aculturar-se por causa da proximidade com Buenos Aires, o que deviam fazer? O contexto, em comparação a Bariloche, é outro. Já no sul as pessoas estão convencidas de que a terra é delas, não querem assinar escrituras porque vender a terra é como vender a si mesmas. Quem tem razão, quem se aclimatou ou quem resiste? Os dois têm razão. O tema indígena, em qualquer lugar aonde vamos, é apaixonante.

No sul da Argentina, os esotéricos têm uma linguagem própria. Eu me surpreendi muito com o que encontrei no Uritorco e em El Bolsón, no lago Puelo. É impressionante a quantidade de gente jovem que acampa por toda a América Latina, como a garota de Mar del Plata que faz um curso de tecelagem na Patagônia para depois vender seus xales no Peru. São os nômades de agora, viajam com entusiasmo e sem dinheiro, são errantes de classe média. Em Amaicha há 5 mil habitantes e 50 nômades. Muitos deles buscam saberes alternativos e crenças esotéricas. E outra coisa interessante é o choque com os locais. Porque muitos permaneceram, fazem a vida ali. E os jovens são aves de arribação, nômades que não querem luz nem saneamento básico, não querem nada. Mas as pessoas do lugar querem luz, querem saneamento básico, querem tudo. Querem vacina para eles e para seus cachorros.

Num verão, faz alguns anos, eu não tinha dinheiro para tirar férias. Tinha visto um programa no qual indicavam Irazusta, um povoado perto de Gualeguaychú, onde havia ido um holandês. O que o holandês tinha ido fazer nesse lugar? Isso me intrigava. O holandês chegou a esse povoado, e um morador vestido de *gaucho* lhe ensinou falar espanhol. "Como ele aprendeu bem o idioma aqui!", dizia o morador, que era mestiço de crioulo e alemão. Eu imaginava o holandês falando com sotaque de Irazusta, um povoado onde chamam os animais de estimação de "criados na mamadeira" e os batizam com nomes da moda como Johnatan ou Mariela, um lugar onde os cavalos entram na cozinha e comem o açúcar que está na mesa. Que ideia esse holandês teria feito da Argentina? Eu queria saber. Quando cheguei de táxi a Irazusta, o taxista não queria me deixar: "a senhora vai ficar aqui?", me perguntava preocupado. No lugar onde havia estacionado, dava para ver meia dúzia de casas ocupadas, mas não exibiam a desordem e a confusão das casas de Buenos Aires: a roupa estava pendurada limpíssima em um varal, e as casas se integravam perfeitamente às demais. Perguntei a uma senhora onde eu podia dormir no povoado, e ela me respondeu: "na minha casa". Não precisava ver meus documentos, ali todos se conheciam. O que tem de bonito nas histórias de viagens? Uma senhora que leu o livro me reconheceu em um teatro e me disse que tinha lido a crônica de Irazusta e também decidiu ir ao povoado. Foi, entrou nas casas e trocou receitas culinárias com as senhoras. Isso foi útil, pensei, ela aproveitou, e as pessoas do povoado também.

Às vezes, o que fica das viagens é uma situação, uma frase, uma lembrança exótica ou banal. No Museu do Ouro, no Peru, fiquei conversando com uma senhora idosa que estava na entrada. Ela me contou que eles sempre têm um hóspede estrangeiro, norte-americano. Agora tinha uma sueca. Conversamos por um tempo até que a senhora tirou um frasco de perfume e, sem me dizer nada, borrifou o perfume em mim. Para mim, continua sendo uma incógnita o porquê de ela ter feito isso. Eu, dessa viagem, fico com esse gesto. Em outra viagem, entrevistei a Pachamama do povoado. Ela foi eleita por votação. A senhora tinha por volta de noventa anos. Eu ia buscá-la de táxi, mas ela viajava na traseira de uma motocicleta conduzida pelo bisneto. Pulou da moto e me benzeu. É do que mais me lembro.

Em uma viagem, não é necessário ver tudo, conhecer tudo. Ninguém é obrigado a ir ao cemitério onde estão enterrados os grandes escritores nem ir a suas casas e ver onde escreviam, eu não faço isso. Não é preciso buscar a vida nos objetos, nem perder muito tempo para encontrar o hotel mais barato, nem fazer listas com tudo o que temos que ver. Se estou em Paris e é hora de fazer a sesta, faço a sesta, mesmo estando em Paris. Não devo ficar com a sensação de que estou perdendo algo. Por mais que na volta a vizinha me diga: "Você perdeu, como não foi a tal lugar?" Não perdi nada. Vi e encontrei o que serve para eu escrever minha crônica. É um erro pensar na diferença entre turista e viajante, é um mito, porque o viajante não está em um patamar superior. Em última instância, o viajante e o turista se encontram nas mesmas ruas centrais das cidades e tomam café ou cerveja no mesmo bar. O que interessa é se conectar com as pessoas, escutar sua fala e, com sorte, suas histórias, sair de si mesmo.

Recuperar a linguagem é importante para escrever uma crônica de viagem. No Peru, as pessoas não dizem "não", têm outras formas de negar, não gostam de falar com negações porque parece muito forte para elas. Chega um portenho e quer saber: "sim ou não?". São formas de ser e formas de pensar diferentes. Para outros, nossa forma de falar pode soar dura, forte, intimidadora. Dizemos: "traga", "leve", "venha", "faça", "diga". Quito é o extremo oposto, e o cúmulo do diminutivo. Eles dizem: "outra vezinha". Se querem te vender algo, dizem: "por favor, senhorinha, se não tiver algo melhor para fazer, não compraria essa coisinha?". Isso está ligado a muitos séculos de humilhação. Em um hotel em Arequipa, uma recepcionista disse: "um lugarzinho para uma visitinha que está sozinha?".

Em La Serena, no Chile, dizem: "O que deseja, dama?" No Peru: "coma o que te animar", em vez de "coma o que quiser". A linguagem está dizendo algo sobre as pessoas e suas histórias. Em Assunção me disseram: "como a senhora fala bem o castelhano". Pergunto o motivo e me explicam que eles têm um pouco de medo das pessoas que falam muito bem. Isso acontece porque no século XIX chegaram muitos comerciantes portenhos bons de lábia que vendiam gato por lebre. Os brasileiros comiam suas terras, e os argentinos lhes vendiam ilusões. Assim, as pessoas desconfiam daqueles que falam bem, porque quem fala bem vai enganá-las. Também não dão uma resposta imediata. O paraguaio sempre consente e depois faz o que lhe der na telha. Isso tem suas razões: dizer a verdade é se sentir muito dono de si. No Río de la Plata dizemos: "nos vemos", "ficamos em contato", "nos falamos". O anglo-saxão fica sem entender: "te ligo ou não te ligo", "nos vemos ou não nos vemos".

O carioca, por exemplo, não gosta das definições taxativas nem gosta de diferenciar o que é do que deveria ser, como os portenhos. Meus diálogos eram mais ou menos assim: "nessa esquina devia ter um semáforo, é um cruzamento perigoso". O carioca me respondia: "devia, sim, mas não tem". Quando eu estava no Rio de Janeiro, me sentei no banco de uma praça e vi um pássaro lindo que nunca tinha visto antes, muito colorido. Perguntei à senhora que estava sentada ao meu lado como se chamava o pássaro, e, como não sabia ou não lhe interessava saber, me disse: "verdade, é uma ave bonita".

Também é interessante observar hábitos incomuns. Se alguém pede frango em um restaurante de Arequipa, ele vem com salada, e se pede salada, vem com pedaços de frango. Os lanches feitos na chapa são acompanhados de batata frita. Quando perguntei para a recepcionista por que era assim, ela me respondeu: "é pela ética do lugar". No Equador, em épocas de seca, as imagens dos santos eram deixadas na intempérie para que sentissem o calor na própria carne e assim enviassem chuva. Uma crônica de viagem pode incluir alguma entrevista ou algo que não aconteceu. Em Conchillas, um povoadinho do Uruguai de quatrocentos habitantes, perguntei com quem eu poderia conversar. Uma vizinha me disse: "que pena que Don Rigoberto foi pro Chuí; Don Edelmiro tá, mas já deu um vexame na televisão".

Lembro do encontro com María Esther Gilio, grande entrevistadora do Río de la Plata. Não pude transcrever seu enorme currículo porque ela não conseguiu encontrá-lo. Também não se importava muito, talvez porque uma entrevistadora não goste que a entrevistem. Uma amiga que a visitava lhe disse: "e essa entrevista com o presidente brasileiro?". María Esther disse: "esse era um mulherengo". Ela também disse que gostaria de morar em um bairro onde as pessoas se cumprimentassem. Perguntei que impressão tinha de Pepe Mujica, o presidente do Uruguai, e ela me respondeu: "De autenticidade. Não quer parecer o que não é. E ensina os meninos do bairro a plantar."

16
O humor na escrita

"O humor salva."

HEBE UHART

O humor é a digestão de algo. O humor limpa. O humor nasce do perdão. Um rancor elaborado. O escritor narcisista. O desencanto e o ceticismo são inúteis para escrever. Dissociar o "eu" dos pensamentos. Autodomínio e formas do perdão. Vencer as próprias fissuras. O efeito tragédia. O humor harmoniza e reconcilia. Distinguir os estados de espírito dos pensamentos. A seriedade do humor. Não trabalhar no calor do momento. Escrever sem paixão. Tomar distância. O absurdo que dá cor ao texto. O animismo dos objetos.

O humor é a digestão de algo. Se ainda tenho coisas indigestas, não sou capaz de escrever. O rancor, a ira, o medo me impedem de escrever porque a medida do objeto externo se torna incontrolável; eles se convertem em uma trava indigesta que me impede de limpar. O humor limpa. O humor nasce do perdão. Se eu puder contar algo de fora, sem levar em conta um rancor, eu já darei uma guinada. Um rancor elaborado deixa de ser rancor.

    O artista costuma ser muito narcisista e, como tal, se torna um desdenhador dos outros, se coloca acima dos outros. A consciência da superioridade vai conspirar contra o que eu faço; a ideia de que o mundo é desprezível torna o escritor estéril.

Schopenhauer dizia que o universo é uma eterna máquina de seres, que uma energia é que produz seres. Não precisamos ser conscientes disso. A ideia de finalidade, o perguntar-se para que estamos no mundo não é propício. O desencanto ou o ceticismo com o mundo não são úteis para escrever, porque o desencanto é próprio das profecias. Devo tentar fazer com que o sofrimento do mundo, os estados de espírito não me puxem pelos cabelos. Posso sair e me examinar, me dissociar, como fazem Tchékhov ou Felisberto Hernández, que dissociam o "eu" dos pensamentos. Não ajuda se queixar do outro se não olho minha parte na discussão ou no problema que tenho em mãos.

A falta de humor tem a ver com a dependência. Se ao escrever não me ocorre nada, é porque tenho medo de que a palavra possa ferir o outro, sou dependente de meus medos e de meus desejos. O humor é autodomínio e é uma forma de perdão. É bom reparar na própria inconsequência e se perdoar, isso ajuda a vencer as próprias fissuras.

Se tomo as coisas dramaticamente não perdoo, porque o efeito tragédia me impede de ver bem a situação. O efeito tragédia faz com que eu veja tudo mal, e esse mal permanecerá para sempre. Esse estado não ajuda a escrever, a não ser que eu saiba manipulá-lo bem. Tenho que aprender a separar o "sempre" das tantas coisas que me acontecem, diferenciar os estados de espírito e não sacralizar a obra, porque isso me contamina. Quando estou pobre de espírito, me farto do efeito tragédia. Quem tem riqueza de espírito toma distância e ri de si mesmo. Devemos nos desdobrar e pensar que é possível nos refazermos. Se acredito que todos são estúpidos ou que alguém é um estúpido inveterado para sempre, não consigo me desdobrar, mas, quando admito ou me atrevo a ver em mim mesma a estupidez e assumo isso, ou rio de mim mesma, então construo uma ponte de intercâmbio fundamental com o outro. O humor harmoniza e é uma forma de reconciliação. O humor é algo que se aprende.

Há mil motivos para a raiva, para a culpa, para sentir-se vítima. A melhor coisa é fazer como os deuses gregos, que, quando estavam aborrecidos ou tinham maus pensamentos, se perguntavam: "que Deus terá me enviado esse pensamento?". É preciso saber distinguir os estados de espírito dos pensamentos.

No humor há seriedade. Segundo Mikhail Tchékhov, "a seriedade dos homens dotados de senso de humor é muito mais séria e profunda do que a ansiedade constante daqueles que não sabem o que é o humor". O humor minimiza o amor-próprio. Tchékhov dizia: "o senso de ridículo estava fortemente desenvolvido em mim e por sorte não se extinguiu até agora. O humor dirigido para si mesmo livra a pessoa de uma presunção e uma ambição demasiado grandes". Se levo as coisas com humor, minimizo minha aflição. O humor "ensina a apreciar as coisas em si e fora de si, por seu valor justo, e não sujeitas às inclinações, simpatias e antipatias pessoais de cada um. E no que diz respeito ao artista, essa objetividade lhe é absolutamente indispensável. A força do humor também está no fato de elevar o ser humano acima do que causa o riso."

A possibilidade de usar o humor se dá também quando não trabalho no calor do momento. Se eu trabalhasse no calor do momento, teria que ver o que ocorre comigo, o que estou sentindo. Contudo, se eu tentar ver o que sentia ou o que aconteceu naquele momento, talvez escreva sem paixão. Preciso escrever sem paixão. Há uma história muito boa de Isak Dinesen em *A fazenda africana*, na qual ela diz que o modo de brigar africano não é como o nosso; quando ficam bravos, eles não te dão mais bola, mas depois de três dias te olham e riem. E acabou.

Quando tomamos distância, surge o absurdo. Certo absurdo pode dar cor ao texto. Por exemplo, atribuir algo a uma causa insensata. Os paraguaios acreditam que os filhos deles que nasceram em Buenos Aires são mais brancos porque aqui não tem um sol de rachar, o sol não é tão escaldante; ou a ideia de que se não me atendem bem é porque não gostaram do meu cabelo ou de algum detalhe de minha roupa.

O absurdo introduz no texto um elemento de outra ordem. Uma tia minha achava que havia bruxos que a faziam envelhecer. Ela não procurava no envelhecimento uma causa intrínseca, e atribuir uma causa absurda ao fato produz um efeito interessante. Quando os aparelhos não querem funcionar ou a tempestade de Santa Rosa demora a chegar, outorgo aos objetos ou aos fatos um certo animismo. É possível trabalhar com o animismo pessoal, como quando todo mundo me responde se estou bem, mas, se estou mal, todos estão contra mim. No primeiro estágio do amor, por exemplo, para os apaixonados o telefone é mitológico e as casualidades adquirem um caráter extraordinário, mágico, como acreditar que existe um acaso benigno e um acaso maligno.

Outro tema a ser abordado pode ser a transposição de um detalhe de outra índole: uma pessoa perfeita com um detalhe que não combina, como uma advogada que da cintura para cima é uma senhora de cinquenta anos, mas que veste uma minissaia rodada. Também pode ser interessante enaltecer algo até o infinito ou levar à desproporção uma paixão anunciada, como quando San Lorenzo vence uma partida, quando um personagem público é confundido com Deus, o fanatismo de adquirir beleza ou prestígio a partir de outro modelo, a ilusão de ser diferente porque algo aconteceu ou por estar acompanhado de gente importante. Ou quando alguém recebe um prêmio ou faz uma viagem e volta transformado, outra pessoa.

17
Vícios da escrita e conselhos para quem vai escrever

A escrita não resolve problemas, formula-os. Escrever é comunicar. Não entregar os mecanismos da escrita. Não ficar absorto com o próprio material. Escrever é escolher. Quando um tema é interessante para o outro. A repercussão de um fato em mim e na linguagem. Objetivar. "Estar à meia-rédea". Mostrar a especificidade. Não transformar a escrita em um mecanismo obsessivo. Não depender de elogio nem de crítica. Escrever é seguir um impulso. A escrita comunicante. Estar atento à linguagem. O tempo interior de cada um. Fantasias. Acompanhar a si mesmo. Contar a história. Conduzir os eixos e conciliá-los. A sensação de harmonia. A digressão é a alegria do conto. A arte de entrar e sair. Fazer o melhor possível. A oficina de escrita.

- Quem escreve não deve resolver problemas, mas formulá--los. Escrever não é fazer discursos nem opinar sobre os males do mundo, mas comunicar. Tchékhov, que era dotado de uma notável capacidade para se comunicar com as pessoas mais diversas, nunca opinava, seus personagens falavam através dele. Ele escreveu sobre todos os tipos de per-

sonagem. A criança, a babá, o avô, o médico, o delinquente, o juiz, e escreveu bem sobre todos esses caracteres.
- É preciso evitar que se veja o que quero fazer, não entregar os mecanismos da escrita. Quando vejo o mecanismo é porque faltam detalhes para deixar a história mais verossímil. A trama deve estar sujeita à especificidade dos personagens e não ser apenas um reflexo do meu ego.
- Não é bom nem necessário fazer tanta profusão de ideias nem enumerações de objetos. Em literatura, o acúmulo não funciona, exceto quando é genial como em Roa Bastos. Ficamos absortos com nosso próprio material e não queremos que nada fique de fora. Escrever é escolher, que é a parte mais difícil. Não devo colocar tudo. Capturar o interesse escrito é a mesma coisa que capturar o interesse oral. Mas devo saber quando algo que é interessante para mim se torna interessante para os outros.
- Pôr o nome em um personagem ou ter um título me dá um rumo.
- Quem escreve deve perceber os objetos de maneira diferente, conforme seu estado de espírito. Não é a mesma coisa descrever um lugar estando com febre ou após um roubo, ou se tem um rato na cozinha. A repercussão do fato deve ser percebida na escrita e na linguagem que eu escolher.
- Quando alguém fala de uma doença, por exemplo, deve objetivar. Alicia Steimberg sofria de uma doença rara, era meio surda, mas escutava a música da marcha peronista (que ela odiava) nos momentos menos oportunos. Era uma lembrança em sua memória. A doença se chama acuofênio, e ela a utilizava para criar um personagem observando-se de fora.

- Não devo ter meu "eu" no centro do mundo, a menos que isso revele meu estado mental. Devo tentar superá-lo, colocá-lo para fora.
- Meus sonhos são interessantes para mim, mas não tem por que interessar aos outros.
- O amor ou o estado de paixão só é importante para quem o vive. Para escrever, é necessário fazer o que dizia Mikhail Tchékhov, "estar à meia-rédea", com a cabeça fria e não eufórico, humilhado, frustrado ou apaixonado.
- Mostro a especificidade, é isso o que interessa na escrita.
- Deve haver uma conexão entre a compulsão ao escrever e o estar encalhado ou quando dá um branco. Se não tenho um tema claro, eu o deixo de lado, para não transformar a escrita em um mecanismo obsessivo. A obsessão não rende, a não ser quando é possível dominá-la.
- Faço uma pequena lista das coisas que me interessam e do que me atrai, escolhendo apenas uma delas, mas não racionalmente, e sim da forma mais inconsciente possível.
- Não dependo do elogio nem da crítica, tampouco dou lugar aos estados exultantes ou depressivos. Nietzsche dizia: "Há mais intromissão no elogio do que na crítica". Não é possível viver dependendo do elogio dos outros. Uma amiga costumava medir a atitude das pessoas em relação a ela e aos outros, como se tivesse um "Tomasômetro"[14].

---

14 Referência a Tomás Abraham, professor titular do Departamento de Filosofia da UBA, onde Hebe deu aulas. Aqui, o neologismo é utilizado no sentido de alguém buscar a palavra ou opinião de uma autoridade. [N. do T.]

- O sentimento de inferioridade ou o de grandeza também não ajudam a escrever. Por exemplo, a exibição dos antepassados não fomenta a amizade, mas a competição. Quem fica sempre competindo está dizendo para o outro: "eu tenho algo que você não tem". As crianças e os adultos competem, por exemplo. Os adolescentes fazem grupos. Devo tentar, como fazia Tchékhov, me identificar com aqueles que são parecidos comigo, registrar todo tipo de pessoa que depois me servirá de personagem.
- Escrever é seguir um impulso, mas tenho que ser comunicante. Se me dá trabalho, deixo de lado. A escrita é como a amizade, é preciso haver simpatia e empatia com o outro. É preciso haver fissuras, porque é por aí que vou entrar no personagem.
- O que identifica um personagem é a linguagem. Devemos escutar tudo o que o personagem diz. As pessoas dizem muitas coisas, mas devo ter paciência para encontrar a pérola.
- O que nos diferencia dos outros é nosso tempo interior. Tenho que ser capaz de falar como se fosse outro: "faz tanto calor que tenho vontade de rir", dizia uma menina. Eu não poderia falar assim, mas capto o que outros dizem e utilizo para construir personagens.
- Se descrevo um conflito, devo fazer uma gradação e não jogar tudo de uma vez, na escrita deixo transparecer como foi se gerando esse conflito. Processo as coisas conforme elas vão acontecendo.
- Há pessoas que vivem de fantasias: a utopia de viver no campo, por exemplo. Wernicke dizia que esses pensamentos "são pássaros que se aninham em ninho alheio".
- Escrever tem relação com a capacidade de acompanhar a si mesmo. E também de saber se acompanhar quando se está

mudando. Eu, por exemplo, não gosto de quando quem escreve se torna demasiado simbólico ou estratosférico, eu preciso estar aterrada. Às vezes não encontramos o centro, o eixo da história. Nesses casos pode-se contá-la, isso ajuda, às vezes ela é mais verossímil oralmente do que por escrito.

- Para escrever um conto devo exercitar a capacidade de conduzir dois eixos e conciliá-los, o dentro e o fora de uma história, como em Santiago Roncagliolo, quando descreve a doença do pai, suas visitas à clínica, a cirurgia e sua vida exterior, o futebol. São dois mundos diferentes que ele conecta muito bem, porque consegue manter a mesma tensão do começo ao fim, além de ter senso de humor e de disparate. Nós somos mais dramáticos, construímos um cenário e permanecemos nele.
- O que nos dá prazer ao ler um bom conto, uma boa história, é a sensação de harmonia, de chegar ao fim e ver como o círculo se fechou bem. O percurso é a estrutura, que pode até sofrer um desvio, mas depois precisa voltar.
- A arte literária é a arte de entrar e sair. É possível sair, mas o que vem antes deve ficar sedimentado. As digressões são boas, mas quem escreve deve saber voltar. Posso me perder, mas sempre volto. A digressão é a alegria do conto. Me distraio e volto.
- Quando alguém persevera, colhe os frutos. O que dá unidade ao conto é o estado de espírito. Penso profundamente no sentimento que gerou essa história, faço uma autoindagação. As coisas nunca têm uma causa única. Tudo tem múltiplas causas.
- De saída, tento fazer o melhor possível, porque escrevo para os outros. O que escrevemos é como uma doação, um presente para os outros. O leitor tem que entender do que

se trata, eu lhe entrego um trabalho construído, finalizado e sem deixar para ele a tarefa de reconstruir o que não sou capaz de fazer bem. Devo me ater ao que quero contar, tentar fazer o melhor que posso neste momento e não adiar para um futuro qualquer. Escrever mal ou não terminar um trabalho por precipitação ou por cansaço ou frustração é como entregar um presente mal embrulhado. É o autor que tem a obrigação de passar a limpo, e não o leitor. Escrever é concretizar.

- É preciso se deixar surpreender. Vivemos, como dizia Borges, não do costume mas da fascinação. De qualquer maneira, não é fácil dar conselhos aos outros.
- Uma jovem escritora que queria iniciar uma oficina me pediu que a aconselhasse. A única coisa que me ocorreu lhe dizer foi: "você não precisa de alguém te enchendo o saco, nem de ser um iluminado". Há uma tradição estadunidense de grandes escritores, como Carson McCullers, que participaram de diversas oficinas. Existem manuscritos de McCullers marcados com observações feitas pelo professor da oficina.
- Há muito mais pessoas que escrevem do que podemos imaginar. Pelo fato de a palavra ser uma ferramenta de uso comum, parece mais fácil escrever do que se dedicar à pintura, que requer o conhecimento da técnica. Existe um preconceito, mesmo em uma cidade tão grande como Buenos Aires, com uma região metropolitana tão grande, de que há poucos escritores e leitores. São visões parciais que separam a escrita da leitura.
- A oficina não forma escritores. O coordenador de uma oficina impõe uma tônica e nem todos concordam com essa forma. A oficina é uma dentre as inúmeras motivações para alguém que está começando a escrever.

Decálogo (mais um) para os que vão escrever

1. Não existe escritor, existem pessoas que escrevem.
2. Escrever é um ofício, um trabalho como qualquer outro.
3. Para escrever é preciso estar, como dizia Mikhail Tchékhov, "à meia-rédea".
4. A literatura é feita de detalhes.
5. O primeiro personagem somos nós mesmos.
6. Não importa o fato em si, mas a repercussão desse fato em mim ou no personagem.
7. Adentra-se no personagem pela fissura.
8. Todo conto tem um "mas". O "mas" me abre o conto.
9. É preciso saber observar e escutar como as pessoas falam.
10. A verdade é construída no diálogo.
11. O adjetivo fecha, a metáfora abre.

Livros citados

BLAISTEN, Isidoro. *Anticonferencias*. Buenos Aires: Emecé, 1983.
BLANCHOT, Maurice. *El espacio literario*. Barcelona: Paidós, 1992. [Ed. bras.: *O espaço literário*. Trad. Álvaro Cabral. Rio de Janeiro: Rocco, 2011.]
BRYCE ECHENIQUE, Alfredo. *Permiso para sentir. Antimemorias 2*. Buenos Aires: Planeta, 2005.
BRYCE ECHENIQUE, Alfredo. *Permiso para vivir. Antimemorias 1*. Buenos Aires: Planeta, 1993.
CALDWELL, Erskine. *Obras*. Barcelona: Luis de Caralt Editor, 1961.
CARVER, Raymond. *The Story and its Writer: An Introduction to Short Fiction*. Boston: Bedford/St. Martin's, 2003.
CASTRO CAYCEDO, Germán. *Con las manos en alto*. Bogotá: Planeta, 2001.
CORTÁZAR, Julio. *Historias de cronopios y de famas*. Madrid: Alfaguara, 1994. [Ed. bras.: *Histórias de cronópios e de famas*. Trad. Ari Roitman e Paulina Wacht. Rio de Janeiro: Civilização Brasileira, 2016.]
DI BENEDETTO, Antonio. *Zama*. Buenos Aires: Adriana Hidalgo, 2013. [Ed. bras.: *Zama*. Trad. Maria Paula Gurgel Ribeiro. São Paulo: Biblioteca Azul, 2006.]
DINESEN, Isak (Karen von Blixen). *Memorias de África*. Madrid: Alfaguara, 2002. [Ed. bras.: *A fazenda africana*. Trad. Claudio Marcondes. São Paulo: SESI-SP Editora, 2018.]
FRAY MOCHO. *Cuentos de Fray Mocho*. Buenos Aires: Sopena, 1940.
GÓGOL, Nikolai. *Relatos de San Petersburgo*. Buenos Aires: Cántaro, 2005.

HERNÁNDEZ, Felisberto. *Obras completas*. Buenos Aires: Siglo XXI, 1983.
JAMES, Henry. *El punto de vista*. Buenos Aires: La Compañía, 2009.
JARAMILLO AGUDELO, Darío (org.). *Antología de la crónica latinoamericana actual*. Buenos Aires: Alfaguara, 2012.
KAFKA, Franz. *Diarios (1919-1923)*. Barcelona: Tusquets, 1995. [Ed. bras.: *Diários (1909-1923)*. Trad. Sergio Tellaroli. São Paulo: Todavia, 2021.]
LISPECTOR, Clarice. *Descubrimientos. Crónicas inéditas*. Buenos Aires: Adriana Hidalgo, 2010.
LISPECTOR, Clarice. *Revelación de un mundo*. Buenos Aires: Adriana Hidalgo, 2005. [Ed. bras.: *A descoberta do mundo*. Rio de Janeiro: Rocco, 1999.]
LISPECTOR, Clarice. *Un aprendizaje o El libro de los placeres*. Buenos Aires: Corregidor, 2011. [Ed. bras.: *Uma aprendizagem ou O livro dos prazeres*. Rio de Janeiro: Rocco, 2020.]
MANSFIELD, Katherine. *Diario 1910-1922*. Barcelona: Parsifal, 1994.
MANSILLA, Lucio. *Charlas inéditas*. Buenos Aires: Eudeba, 1966.
MANSILLA, Lucio. *Una excursión a los indios ranqueles*. Buenos Aires: Espasa Calpe, 1940.
MCCARTHY, Mary. *Memorias de una joven católica*. Barcelona: Lumen, 2001. [Ed. bras.: *Memórias de uma moça católica*. Trad. Heloisa Jahn. São Paulo: Companhia das Letras, 1987.]
MELVILLE, Herman. *Bartleby, el escribiente*. Madrid: Alianza, 2002. [Ed. bras.: *Bartleby, o escrivão*. Trad. Irene Hirsch. São Paulo: Ubu, 2017.]
MOROSOLI, Juan José. *Obras de Juan José Morosoli*. Montevidéu: Ediciones de la Banda Oriental, 1999.
O'CONNOR, Flannery. *Misterio y maneras. Prosa ocasional*. Madrid: Encuentro, 2007.
RIBEYRO, Julio Ramón. *La caza sutil y otros textos*. Santiago de Chile: Universidad Diego Portales, 2012.

RIBEYRO, Julio Ramón. *Prosas apátridas*. Barcelona: Tusquets, 1975. [Ed. bras.: *Prosas apátridas*. Trad. Gustavo Pacheco. Rio de Janeiro: Rocco, 2016.]

RIBEYRO, Julio Ramón. *Solo para fumadores*. Lima: El Barranco, 1987. [Ed. bras.: *Só para fumantes*. Trad. Laura Janina Hosiasson. São Paulo: Cosac Naify, 2007.]

RONCAGLIOLO, Santiago. *Crecer es un oficio triste*. México: Océano, 2003.

RONCAGLIOLO, Santiago. *Pudor*. Madrid: Santillana, 2004.

SAKI (Hector Hugh Munro). *Animales y más que animales*. Buenos Aires: Claridad, 2006.

SAKI (Hector Hugh Munro). *Cuentos increíbles*. Buenos Aires: Crea, 1979.

SÁNCHEZ, Florencio. *M'hijo el dotor*. Montevidéu, 1903.

STEIMBERG, Alicia. *Músicos y relojeros*. Buenos Aires: Centro Editor de América Latina, 1983.

SVEVO, Italo. *Senectud*. Barcelona: Acantilado, 2006. [Ed. bras.: *Senilidade*. Trad. Ivo Barroso. Rio de Janeiro: Nova Fronteira, 2002.]

TCHÉKHOV, Anton. *Autobiografía*. Buenos Aires: Índice, 1959. [Título e autor apócrifos, ver nota 2, p. 24.]

TCHÉKHOV, Anton. *Cuaderno de notas*. Buenos Aires: La Compañia, 2009.

TCHÉKHOV, Anton. *Cuentos completos*. Madrid: Aguilar, 1962.

UHART, Hebe (comp.). *Nuevas crónicas*. Buenos Aires: Blatt & Ríos, 2013.

UHART, Hebe. *El gato tuvo la culpa*. Buenos Aires: Blatt & Ríos, 2014.

UHART, Hebe. *Relatos reunidos*. Buenos Aires: Alfaguara, 2010.

UHART, Hebe. *Viajera crónica*. Buenos Aires: Adriana Hidalgo, 2011.

WEIL, Simone. *La gravedad y la gracia*. Madrid: Trotta, 2001.

WERNIKE, Enrique. *Cuentos completos*. Buenos Aires: Colihue, 2001.

WERNIKE, Enrique. *El señor cisne*. Buenos Aires: Lautaro, 1947.

Artigos, notas e papéis avulsos

BRAGA, Rubem. "Hombre en el mar". Tradução do português feita por Hebe Uhart para as aulas da oficina. [Ed. bras.: "Homem no mar". In: Braga, Rubem. *200 crônicas escolhidas*. Rio de Janeiro: Record, 2005.]

HERNÁNDEZ, Felisberto. "Explicación falsa de mis cuentos". *Escrituras. Entregas de la Licorne*, Montevidéu, 1955.

LOAYZA, Luis. "El avaro". *Cuadernos de composición*, Lima, 1955.

O'CONNOR, Flannery. "Naturaleza y finalidad de la narrativa". *Suplemento Cultural El País*, Montevidéu, 7 out. 2011. (Edição e seleção de Carlos María Domínguez.)

QUIROGA, Horacio. "Decálogo del perfecto cuentista". *El Hogar*, Buenos Aires, jul. 1927.

STEIMBERG, Alicia. Notas próprias de oficina literária, verão 2005.

UHART, Hebe. Anotações próprias feitas durante a apresentação de seu livro *El gato tuvo la culpa*. Museo del Libro y de la Lengua, Biblioteca Nacional, Buenos Aires, 13 maio 2014.

Este livro foi composto na fonte PP Mori e Silva Text
e impresso pela gráfica Plena Print, em papel Lux Cream 60 g/m²,
para a Editora WMF Martins Fontes, em setembro de 2024.